Das Kita-Jahreszeitenbuch

Morgenkreis

Bildnachweis

Freepik.de
S. 19: brgfx | S. 35, 64: macrovector | S. 38: pch.vector | S. 59: lesyaskripak | S. 79: gstudioimagen

Gettyimages.de
S. 1: dvoriankin | S. 5: FatCamera | S. 30: zoranm | S. 32: iStock | S. 33: bazzier | S. 41: VladSt | S. 46: Stefonlinton | S. 69: Wendy Love

Impressum

ISBN: 978-3-96046-115-9

Das Kita-Jahreszeitenbuch
Morgenkreis

Klett Kita GmbH
Rotebühlstr. 77
70178 Stuttgart
www.klett-kita.de
info@klett-kita.de

Redaktion	Myriam Bork, Anja Ulbrich
Redaktionelle Mitarbeit	Nicole Woratz
Autoren	Britta Bartoldus, Marion Bischoff, Kathrin Eimler, Annegret Frank, Heike König, Michaela Lambrecht, Margot Lindner, Leah Schäfer, Karin Schäufler, Tina Scherer, Margret Schmidt
Illustration	Nadine Liesse
Umschlagillustration	Anke Dammann
Gestaltung und Satz	DOPPELPUNKT, Stuttgart
Druck	Grafik Media Produktionsmanagement, Köln

5. Auflage

Inhalt

Ein paar Worte vorab 5

Frühling

Vorlesegeschichte: Als das Küken die Eier färbte 8
Bewegungsspiele: Komm, beweg dich mit! 10
Oster-Klanggeschichte: Wer hustet denn da? 12
Klatschreim: Ein Vogel sitzt auf einem Baum 13
Handspiel: Ein Schmetterling flog hoch hinauf 14
Kreatividee: Winter, zieh Leine! 15
Mitmachgedicht: Die Tulpe 16
Handspiel: Frühling ist es, welch ein Glück 17
Fingerspiel: Im Frühling, wenn der Wald erwacht 18
Aufpassgeschichte: Alarmstufe Rot 19
Lied: Begrüßungskomitee 20
Massage: Wundervolle Verwandlung 21
Mitmachgedicht: Frühlingsigel Erwin 22
Osterlied: Geheimer Besucher 23

Sommer

Mitmachgeschichte: Tanzparty bei den Bauernhoftieren 26
Aufpassgeschichte: Elisas Garten 28
Entspannungsgeschichte: Sommer-Yoga auf der Wiese 29
Lied: Sonnenblumen-Song 30
Reimgeschichte: Sommergewitter 31
Lied: Urlaubszeit 32
Mitmachgedicht: Husky Horst 33
Vorlesegeschichte: Der letzte Tag im Kindergarten 34
Mitmachgeschichte: Was ziehe ich im Sommer an? 35
Massage: Urlaubsreise mit dem Zug 36
Fantasiereise: Abtauchen im Meer 37
Rätsel: Wer bin ich? 38
Fingerspiel: Grashüpfer Flo 39
Vorlesegeschichte: Der Piratenschatz 40

Herbst

Vorlesegeschichte: Der kleine Drache weiß es besser 44
Klanggeschichte: Ralf sorgt vor 46
Fingerspiel: Naschzwerge 47
Rätsel: Wer weiß es? 48
Massage: Stürmischer Herbst 49
Klanggeschichte: Gespensterparty 50
Reimgedicht: Der Herbst ist da! 51
Sinnesspiel: Was fühlst du da? 52
Fingerspiel: Fünf kleine Gespenster 53
Vorlesegeschichte: Lukas und die Martinslaterne 54
Bewegungsgeschichte: Heute bist du Sankt Martin 56
Klanggeschichte: Wo schläft der kleine Igel? 57
Entspannungsspiel: Naturmandala mit Duft 58
Klatschreim: Nachts im Wald 59

Winter

Verse und Rätsel: Zum Raten und Reimen 62
Klanggeschichte: Emma und Jan im Schnee 63
Entspannungsgeschichte: Das erste Abenteuer der kleinen Schneeflocke 64
Gedicht: Nun ist er da! 65
Klanggedicht: Glöckchen klingen 66
Lied: Niklaus, Niklaus 67
Klanggeschichte: Auf dem Weihnachtsmarkt 68
Fingerspiel: Wer kommt zur Krippe? 69
Klangtheater: Auf Herbergssuche 70
Aufpassspiel: Wo ist das Christkind? 72
Vorlesegeschichte: Der Winterbaum 73
Fingerspiel: Fünf Wichtel frieren 74
Unsinngedicht: Denkt euch, ich habe den Weihnachtsmann gesehn! 75
Fingerspiel: Fünf kleine Weihnachtsmänner 76
Rätsel: Wer bist denn du? 77
Mitmachgedicht: Die lustige Karnevalsfeier 78
Fingerspiel: Bonbonregen 79

Liebe Leserinnen und Leser,

für jedes Kind startet der Morgen anders: Lina spielt bereits seit die Kita geöffnet hat zufrieden in der Bauecke, Paul mag sich heute überhaupt nicht von seiner Mama trennen und Carla wird kurz vor Ende der Bringzeit noch ganz schnell an eine Erzieherin übergeben.

Was allen Kindern jetzt guttut, ist ein gemeinsamer Beginn – einen Startpunkt, der für alle Mädchen und Jungen gleich ist. Im Morgenkreis kommen alle zusammen und begrüßen gemeinsam den Tag.

Der Morgenkreis ist ein vertrautes Ritual. Die Kinder kennen den Ablauf und sehen, wer von ihren Freunden heute anwesend ist und wer fehlt. Wichtiges wird besprochen, der Tagesablauf wird vorgestellt und bekannte und neue Spiele und Lieder werden durchgeführt.

Hier finden Sie – passend zu jeder Jahreszeit – verschiedene Ideen für den Morgenkreis. Die Lieder, Geschichten, Fingerspiele, Massagen und Rätsel aus diesem Buch versprechen viel Abwechslung und tragen zu einem gemeinsamen Start in den Kita-Tag bei.

Wir wünschen Ihnen und Ihren Kindern viel Spaß mit unseren Morgenkreis-Ideen!

Ihr Jahreszeitenbuch-Team

Frühling

Als das Küken die Eier färbte

Vorlesegeschichte

Alter: ab 3 Jahren
Dauer: 15 Minuten

„Immer nur Eier legen …" Frau Huhn schimpft vor sich hin, als sie vom Nest steigt. Kuki Küken beobachtet seine Mama und entdeckt auch gleich das wunderschöne Ei, das unter seiner Mama lag. Vorsichtig streichelt es mit seinen weichen Federn über die Schale. Da rumpelt es an der Tür, Mama Huhn hört auf zu schimpfen und reckt den Kopf in die Höhe. Kuki Küken hält die Luft an. Am liebsten würde es zu seiner Mama flattern, aber es traut sich nicht. Mit zitterndem Schnabel bleibt es neben dem Ei sitzen und starrt Richtung Tür. Es knarrt und langsam geht die Stalltür auf.

„Guten Morgen, Herr Hase", gackert Mama Huhn aufgeregt und tapst zum Eingang. Erleichtert atmet Kuki auf. Wenn seine Mama sich über den Besuch freut, kann er nicht gefährlich sein.
„Guten Morgen, Frau Huhn." Eine tiefe Stimme ist zu hören und dann steht er da. Ein Hase mit langen Löffeln. Auf dem Rücken trägt er einen Korb. Zwei Gurte hat er über die Schultern gelegt. So ist der Korb sein Rucksack. Er kommt langsam näher zum Nest. Freundlich lächelt er Kuki entgegen. „Wen haben wir denn da?" Der Hase streichelt über Kukis Federkleid. „Passt du auf das Ei deiner Mama auf?" Kuki nickt. „Das Ei muss ich jetzt aber mitnehmen. Weißt du, ich brauche alle Eier von den Hühnern in diesen Tagen. In unserer Werkstatt bemalen wir sie, damit wir am Ostersonntag allen Kindern auf der Welt ein schönes, farbiges Ei bringen können."
„Wirklich? Dann bist DU der Osterhase?" Kuki sieht ihn mit großen Augen an. „Ja, ich bin der Osterhase." Und nach einer kurzen Pause fügt er an: „Du bist Kuki. Stimmt's?" Kuki nickt eifrig. Vor dem Osterhasen muss man nun wirklich keine Angst haben. Aber Kuki möchte ihn unbedingt etwas fragen. Das Küken räuspert sich – und gerade als der Osterhase nach dem Ei greifen möchte, krächzt es: „Ich würde auch gern mal Ostereier bemalen."

„Warum eigentlich nicht?" Der Osterhase nimmt Kuki auf seine Pfote und setzt sich das Küken vorsichtig auf die Schulter. „Wenn Sie einverstanden sind, Frau Huhn, nehme ich Kuki mit. Es darf mir beim Eierfärben helfen und morgen bringe ich es wieder nach Hause. In Ordnung?"

Mama Huhn ist einverstanden. Kuki freut sich. Als der Osterhase das Ei in den Rucksack gelegt hat, flattert das Küken auch hinein. Nur sein Kopf schaut noch oben aus dem Eierkorb.

Sie gehen vorbei an Bäumen und Hecken, durch dichtes Gestrüpp, über eine Blumenwiese. Dann, hinter einem Felsen, bleibt der Osterhase stehen. „Hier sind wir." Er deutet auf einen dicken Baumstumpf. Schon geht die Tür auf und eine Hasenfrau taucht auf. Ihre Schürze ist mit bunten Klecksen übersät und in einer Pfote hält sie einen Pinsel. „Wen hast du denn da mitgebracht?" Die Hasenfrau kommt auf Kuki zu und streichelt ihm über den Kopf. „Das ist Kuki", erklärt der Osterhase. „Es möchte unbedingt einmal in unserer Werkstatt beim Eierfärben mithelfen." In der Werkstatt ist ordentlich was los. Kuki weiß gar nicht, wo es zuerst hinschauen soll. Da sitzt ein Hase mit weißem Fell an einer kleinen Maschine und ritzt wunderschöne Muster in die Eierschale. An der Wand steht ein Regal und darauf sind unzählige Eierkörbe. Weiße und braune Eier sind es. In einen dieser Körbe legt der Osterhase jetzt auch die Eier, die er mitgebracht hat. In der Mitte steht ein Tisch. Dort liegen dicke und dünne Pinsel bereit und es stehen Farbtöpfe in allen Farben da. Der Osterhase hilft Kuki aus dem Korb und setzt es auf dem Tisch ab. Er legt ein Ei vor das Küken in den Becher. „So, jetzt kannst du loslegen."

Kuki greift nach einem Pinsel, doch mit seinen kleinen Flügelchen kann es ihn nicht halten. Da steht der alte Hase auf einmal neben ihm, stellt ein Tellerchen vor das Küken und tropft ein paar Kleckse Rot auf das Tellerchen. „Stell dich mit deinen Füßen hier in die Farbe und dann trittst du auf das Ei. Damit machst du ganz außergewöhnliche Muster." Kuki tapst zuerst durch die Farbe und dann vorsichtig über das Ei. Das macht Spaß! Bald sind seine Füße bunt wie die Eier und auf den Schalen sind überall Spuren von Kükenkrallen zu sehen. Kuki arbeitet unentwegt. Dabei bemerkt das Küken gar nicht, dass es draußen längst dunkel geworden ist und die Hasen schon alle in ihren Betten liegen.

Erst am nächsten Morgen schaut Kuki aus dem Fenster. Im gleichen Moment steht auch schon der Osterhase neben ihm. „Du hast die ganze Nacht gearbeitet. Schau nur, wie schön die Eier geworden sind." Gähnend streckt das Küken seine Flügelchen aus. „Jetzt wird es Zeit, dass ich dich wieder zu deiner Mama bringe", sagt der Osterhase und setzt Kuki in den Eierkorb, den er nun wieder auf die Schultern nimmt. „Ich glaube aber, zuerst musst du in der großen Pfütze vorm Hühnerstall baden." Kuki schaut sich an und da entdeckt es, was der Osterhase meint. Es ist voll mit Farbklecksen.
„Hihi. Ich sehe ja selbst fast wie ein Osterei aus." Zufrieden lehnt das Küken seinen Kopf an das weiche Hasenfell und freut sich schon darauf, zu Hause alles zu erzählen, was es in der Osterhasenwerkstatt erlebt hat.

Idee: Marion Bischoff

Komm, beweg dich mit!

Bewegungsspiele

Alter: ab 4 Jahren
Dauer: 25 Minuten

Spiel 1 – Farbensalat

MATERIAL: farbige Stifte, die auf der Haut haften (etwa Woodys), in den Farben Rot, Gelb, Grün und Blau , 1 Gymnastikreifen

Legen Sie den Gymnastikreifen in die Mitte des Sitzkreises. Malen Sie jedem Kind einen farbigen Punkt auf die Hand. Achten Sie darauf, dass die Farben gleichmäßig verteilt sind.
Ein Kind steht im Gymnastikreifen in der Mitte des Sitzkreises. Der Sitzplatz des Kindes wird weggenommen. Es gibt also einen Platz weniger als Mitspieler. Das Kind nennt eine der vier Farben. Die Kinder mit den passenden Farbpunkten auf der Hand wechseln ihren Platz. Das Kind aus der Mitte versucht dabei, ebenfalls einen neuen Platz zu bekommen. Das Kind, das keinen neuen Platz gefunden hat, steht jetzt in der Mitte im Gymnastikreifen.
VARIANTE: Wenn „Farbensalat" gesagt wird, müssen alle Kinder die Plätze tauschen.

Spiel 2 – Ich packe meinen Koffer mit Bewegungen

Die Kinder stehen im Kreis. Ein Kind macht eine Bewegung vor, das nächste Kind wiederholt diese und fügt eine neue Bewegung hinzu. Reihum geht es weiter, bis das erste Kind noch einmal alle Bewegungen wiederholt. Dabei machen bei allen Bewegungen immer alle Kinder mit.

Spiel 3 – Würfel in Bewegung

MATERIAL: 1 großer Würfel

Den Zahlen auf dem Würfel werden Bewegungen zugeordnet. Jedes Kind würfelt einmal und alle machen die passenden Bewegungen zu dem Würfelergebnis. Die Bewegungen können sich die Kinder selbst ausdenken, zum Beispiel:

1 – 5 Hampelmänner springen
2 – 10-mal auf einem Bein springen
3 – 5 Kniebeugen machen
4 – 3-mal um den Stuhl/das Kissen laufen
5 – auf Zehenspitzen stellen und die Arme hochstrecken
6 – auf den Bauch legen

Spiel 4 – Zublinzeln

Die Kinder stehen paarweise hintereinander im Kreis. Ein Kind, das keinen Hintermann hat, muss sich einen herblinzeln. Es blinzelt einem Kind zu. Dieses versucht, schnell zu dem Blinzler zu kommen. Der Hintermann muss jetzt gut aufzupassen, damit er seinen Partner nicht verliert, indem er ihn an den Schultern festhält oder am Rücken berührt.

Spiel 5 – Popcorn

Ein Kind beginnt. Es ist ein Popcorn und hüpft durch den Raum. Die anderen Kinder sind Maiskörner und laufen durch den Raum. Wenn sie berührt werden, werden sie auch zu Popcorn, springen einmal in die Luft und versuchen, weitere Kinder zu berühren.

Idee: Britta Bartoldus

Wer hustet denn da?

Oster-Klanggeschichte

Alter: ab 3 Jahren
Dauer: 25 Minuten

Material
- Holzblocktrommel
- Handtrommel
- Triangel, Klangstäbe

Stellt euch vor,
der Osterhase ist krank geworden:
Er hustet und hustet ganz stark.
Die Holzblocktrommel anschlagen.

Und er hat Fieber.
Die Handtrommel anschlagen.

Oh weh, du armer Osterhase!
Die Triangel anschlagen.

Sollen wir dir helfen, lieber Osterhase?
Die Triangel anschlagen.

Wollt ihr für mich die Ostereier bemalen?
Die Klangstäbe anspielen.

Oh ja!
Alle Kinder klatschen in die Hände.

Alle Kinder helfen dem Osterhasen,
die Eier zu bemalen!
Alle Kinder spielen gleichzeitig ihre Instrumente.

Idee: Michaela Lambrecht

Ein Vogel sitzt auf einem Baum

Klatschreim

Ein Vo-gel sitzt auf ei-nem Baum.
Und zwit-schert fröh-lich sei-nen Traum.

Da knackt das Holz
und zack und knack,
bricht der Ast vom Bau-me ab.

Der Vo-gel flat-tert in die Höh,
ruft auf-ge-regt: „Oh weh, oh weh!
Ich hat-te ei-nen sü-ßen Traum,
vor Schreck fällt jetzt gleich um, der Baum."

Alter: ab 3 Jahren
Dauer: 10 Minuten

So geht´s:
Die Kinder klatschen im Sprechrhythmus mit. Dabei gilt es jeweils, die geklatschten Silben zu betonen.
Zum Beispiel: Ein *(klatsch)* Vo-gel *(klatsch, klatsch)* sitzt *(klatsch)* auf *(klatsch)* ei-nem *(klatsch, klatsch)* Baum *(klatsch)*.

Idee: Marion Bischoff

Ein Schmetterling flog hoch hinauf

Handspiel

Alter: ab 3 Jahren
Dauer: 5 Minuten

Ein Schmetterling flog hoch hinauf,

Beide Hände mit den Handrücken nach oben zu einem Schmetterling aneinanderlegen und hoch in die Luft halten.

dann ruht er aus, schnauf, schnauf, schnauf, schnauf.

Die Hände nach unten nehmen und tief durchatmen.

Wiegt sich auf einer Blüte im Wind,

Die Hände hin- und herbewegen.

dann flattert er weiter, geschwind, geschwind.

Wieder die Hände in die Höhe führen und dabei Flatterbewegungen machen.

Idee: Tina Scherer

Winter, zieh Leine!

Kreatividee

Material

- Schnur oder Wäscheleine
- viele Wäscheklammern in einem Körbchen
- Scheren
- farbiges Krepppapier

Alter: ab 4 Jahren
Dauer: 20 Minuten

Endlich: Der Frühling bringt Farbe ins Spiel und lässt die Welt wieder bunt werden! Diesem Farbenspiel geben die Kinder mithilfe einer bunten Frühlingsleine Ausdruck. Die Frühlingsleine eignet sich auch als Dekoration fürs Frühlings- oder Osterfest oder einfach als Hingucker im Gruppenraum.

Aus buntem Krepppapier schneiden die Kinder lange Streifen zu. Die Wäscheklammern legen Sie in einem Körbchen bereit. Mithilfe der Kinder spannen Sie die Wäscheleine zunächst so tief, dass die Kinder ihre Streifen daran aufhängen können.

Was passiert im Frühling?

In einem Vorgespräch tauschen sich die Kinder darüber aus, was im Frühling so alles passiert: dass Blumen wieder blühen, die Bäume und Sträucher Blätter und Blüten austreiben, Tierkinder geboren werden, Eis schmilzt.

Jedes Kind hat sich einen Krepppapierstreifen in seiner Lieblingsfarbe ausgesucht. Nun dürfen die Mädchen und Jungen der Reihe nach ihre Streifen mit den Wäscheklammern an der Leine befestigen und dabei erklären, was im Frühling Besonderes mit dieser Farbe passiert oder zu beobachten ist.
Beispiele: „Im Frühling blühen gelbe Osterglocken." „Im Frühling werden weiße Schäfchen geboren." „Im Frühling ist der Himmel blau und weit." „Im Frühling sind rote Tulpen meine Lieblingsblumen." „Im Frühling wird alles wieder grün."

Flatterndes Farbenspiel

Am Ende ist die Leine mit vielen bunten Streifen bestückt. Dann hängen Sie die Leine an einem Ort Ihrer Wahl und etwas höher auf, damit sich niemand in den Streifen verfängt.

Idee: Karin Schäufler

Die Tulpe

Mitmachgedicht

Alter: ab 3 Jahren
Dauer: 5 Minuten

Material

- Badeschwämme aus Tüll

Dunkel
war alles und Nacht.
In der Erde tief
die Zwiebel schlief,
die braune.

Was ist das für ein Gemunkel,
was ist das für ein Geraune?,
dachte die Zwiebel,
plötzlich erwacht.

Was singen die Vögel da droben
und jauchzen und toben?
Von Neugier gepackt,
hat die Zwiebel einen langen Hals gemacht
und um sich geblickt,
mit einem hübschen Tulpengesicht.
Da hat ihr der Frühling entgegengelacht.

(Josef Guggenmos)

Und so geht's:

Jedes Kind bekommt einen bunten Tüllbadeschwamm. Den Schwamm mit beiden Händen ganz klein zusammenknüllen. Nach und nach öffnen die Kinder nun ihre Hände, sodass zunächst nur eine kleine Spitze und dann immer mehr vom Schwamm zu sehen ist, bis er zum Schluss ganz hervorquillt. Das können Sie den Kindern am besten vormachen, während Sie das Gedicht dazu sprechen.

Idee: Margret Schmidt

Frühling ist es, welch ein Glück

Handspiel

Alter: ab 3 Jahren
Dauer: 5 Minuten

Schaut ein Knöspchen aus der Erde,
ob es nicht bald Frühling werde.
Die Hände wie zum Beten falten.
Wächst und wächst ein ganzes Stück.
Die Hände nach rechts und links drehen und etwas nach oben schieben.

Sonne warm vom Himmel scheint,
Regen übers Knöspchen weint.
Eine Hand löst sich und stellt zuerst die Sonne dar,
dann den Regen, der heruntertropft.
Knöspchen wird bald grün und dick.
Die Hände wieder zusammenlegen, diesmal eine Kugel bilden.

Seine Blätter öffnet's dann,
fröhlich fängt's zu blühen an.
Die Hände öffnen sich wie ein Fächer und drehen sich.
Frühling ist es, welch ein Glück!
In die Hände klatschen.

Idee: Margret Schmidt

Im Frühling, wenn der Wald erwacht

Fingerspiel

Alter: ab 3 Jahren
Dauer: 15 Minuten

Im Frühling, wenn der Wald erwacht,
Die Augen reiben.
dann wächst das grüne Blätterdach.
Arme nach oben recken und Hände über dem Kopf zusammenlegen.

Und auf dem Boden geht es los,
Hand an die Stirn legen, nach unten schauen.
Ameisen rennen übers Moos.
Mit den Finger Krabbelbewegungen nachahmen.

Sie reparieren ihren Bau,
Mit einer Hand einen imaginären Hammer benutzen.
denn Ameisen sind wirklich schlau.
An die Stirn tippen.

Im Vogelnest die Vogelfrau,
Beide Hände zusammenlegen.
die brütet ihre Eier aus.
Mit einer Hand in die Handhöhle der anderen deuten.

Schon bald schlüpfen die Küken dann,
Die Arme ausbreiten.
da freut sich auch der Vogelmann.
Flugbewegungen mit den Armen nachahmen.

Die Kinder laufen in den Wald,
Auf den Boden trampeln.
endlich ist es nicht mehr kalt.
Jubeln.

Die Sonne lacht vom Himmel runter,
Die Hände spreizen.
so sind im Frühling alle munter.
Aufstehen und hüpfen.

Und so geht's:

Sobald die Kinder den Reim ein wenig kennen, werden sie schon gespannt auf das Ende warten, weil es hier richtig „lebendig" werden darf. Achten Sie daher auf genügend Platz im Kreis. Das Spiel lässt sich auch bestens auf dem Freigelände in einem Stehkreis durchführen.

Idee: Marion Bischoff

Alarmstufe Rot

Aufpassgeschichte

Alter: ab 4 Jahren
Dauer: 10 Minuten

Vincent und Amelie leben in einer kleinen Stadt. Sie wohnen in einem Haus mit einem Garten, in dem viele bunte Blumen blühen. Es gibt gelbe, lilafarbene und rote Blumen in ihrem Garten.

Vincent ärgert sich. Die Sonne scheint. Und er hatte doch so auf Regen gehofft, weil er seinen neuen roten Schirm ausprobieren wollte.

Amelie findet das Wetter aber toll. Sie setzt sich ihren Helm auf und holt ihren Roller aus der Garage. Er ist rosa. Der Helm ist rot.

Sie will sich mit ihrer Freundin Paula auf dem Spielplatz treffen. Ah, da ist sie ja schon. Paula sitzt im Sandkasten und füllt gerade einen roten Eimer mit Sand.

Amelie sieht sich um. Sie entdeckt die blaue Rutsche, die gelbe Schaukel, das rote Schaukeltier und den grünen Kletterturm. Da will sie unbedingt hinaufklettern.

Von hier oben hat sie eine tolle Aussicht. Auf der Straße fährt ein rotes Auto vorbei. Und ganz da hinten sieht sie ihr Haus. Und vor dem Haus steht ihr Bruder Vincent. Er hat seinen roten Schirm aufgespannt – obwohl es gar nicht regnet.

Paula und Amelie spielen den ganzen Nachmittag zusammen – bis langsam die Sonne zu einem wunderschönes Abendrot wird.

Amelie setzt wieder ihren roten Helm auf und verabschiedet sich von ihrer Freundin. Paula packt ihr Sandspielzeug zusammen und legt alles in den Korb ihres roten Fahrrads.

Dann fahren die beiden nach Hause.

Und so geht's:

Sobald in der Geschichte die Farbe *Rot* genannt wird, müssen die Kinder von ihren Stühlen aufspringen.

Idee: Leah Schäfer

Begrüßungs-komitee

Lied

Alter: ab 3 Jahren
Dauer: 5 Minuten

1, 2, 3,
ihr Vögel kommt herbei.
Kommt zurück von eurer Reise,
wach sind Amsel, Spatz und Meise.
1, 2, 3,
ihr Vögel kommt herbei.

4, 5, 6,
wir warten auf euch jetzt.
Kuckuck, Storch und Nachtigall,
vermisst haben wir euch doch all.
4, 5, 6,
wir warten auf euch jetzt,

7, 8, 9,
jetzt können wir uns freun.
Denn die Vögel sind zurück
und zwitschern wieder – welch ein Glück.
7, 8, 9,
jetzt können wir uns freun.

(Melodie: A, B, C, die Katze lief im Schnee)

Idee: Leah Schäfer

Wundervolle Verwandlung

Massage

Alter: ab 4 Jahren
Dauer: 10 Minuten

Hinter einer großen Stadt befand sich eine große grüne Wiese.
Mit beiden Händen über den Rücken streichen.

Sie war mit unzähligen Blumen und Gräsern übersäht und leuchtete in den allerschönsten Farben.
Mit den Fingerspitzen überall leicht auf den Rücken drücken.

Hier lebte eine kleine Raupe. Sie krabbelte am liebsten den ganzen Tag über die Wiese.
Mit dem Zeigefinger Schlangenlinien auf den Rücken malen.

Und sie fraß. Und sie krabbelte, fraß und krabbelte. So ging das die ganze Zeit.
Abwechselnd Schlangenlinien auf den Rücken malen und mit den Fingerspitzen auf dem Rücken „greifen".

Einmal – sie war schon ganz vollgefressen und konnte sich nur noch langsam bewegen – beschloss sie, es sich lieber ein bisschen gemütlich zu machen.
Langsame Schlangenlinien, mit etwas mehr Druck als zuvor, auf den Rücken malen.

Sie legte sich auf eine Pflanze und wickelte sich gemütlich ein.
Mit den Handflächen kreisend über den Rücken reiben.

Dann schlief sie tief und fest. Erst eine Woche, dann zwei Wochen, drei Wochen und als die vierte Woche da war, bewegte sich plötzlich etwas in der Raupenhülle.
Beide Handflächen mehrmals vorsichtig auf den Rücken drücken.

Die Hülle ging auf und ein wunderschöner Schmetterling kam zum Vorschein. Die kleine Raupe hatte sich verwandelt.
Die Fingerspitzen beider Hände in die Mitte des Rückens setzen, dann die Finger öffnen – bis die Handflächen auf dem Rücken liegen.

Er breitete seine Flügel aus und flog über die Wiese. Der kleine Schmetterling freute sich. Von hier oben sah alles noch viel schöner aus.
Mit den Händen über den ganzen Rücken streichen.

Idee: Leah Schäfer

Frühlingsigel Erwin

Mitmachgedicht

Alter: ab 3 Jahren
Dauer: 5 Minuten

Erwin Igel schläft ganz brav,
denn er hält seinen Winterschlaf.
Zusammengerollt auf dem Boden liegen.

Auf einmal sieht man ihn sich recken,
die Stacheln und die Pfoten strecken.
Auf dem Boden recken und strecken.

Erwin krabbelt schnell heraus,
aus seinem warmen Blätterhaus.
Krabbeln und sich vorsichtig umschauen.

Sein Bäuchlein grummelt – und zwar sehr,
jetzt müssen ein paar Käfer her.
Den Bauch reiben.

Nach dem Essen denkt er bald,
eigentlich ist's hier sehr kalt.
Die Arme vor dem Körper kreuzen und die Oberarme reiben.

Und so flitzt der Igel munter,
schnell unter seine Blätter drunter.
Auf allen vieren zurückkrabbeln.

Dort kuschelt er sich mollig ein,
ein Langschläfer-Igel will er sein.
Zusammengerollt auf dem Boden liegen.

Idee: Leah Schäfer

Geheimer Besucher

Osterlied

Alter: ab 3 Jahren
Dauer: 5 Minuten

Komm, wir gehen schnell zum Fenster
und da schauen wir hinaus,
heute werden wir ihn sehen,
wenn er schleicht um das Haus.

Fragst du dich, auf wen wir warten,
komm ich geb dir einen Tipp,
jemand kommt in unsren Garten
und bringt uns etwas mit.

Dann versteckt er alle Sachen,
hinter Hecken und im Gras,
dann suchen wir und lachen,
es ist der Osterhas'.

Doch da draußen liegen Eier,
ich habe sie entdeckt,
wieder war der Hase schneller,
hat sie bereits versteckt.

(Melodie: In einem kleinen Apfel)

Idee: Leah Schäfer

Sommer

Tanzparty bei den Bauernhoftieren

Mitmachgeschichte

Alter: ab 3 Jahren
Dauer: 10 Minuten

Auf einem Bauernhof wohnte ein **Bauer** mit seinen Tieren. Sein größtes Tier war ein **Pferd**. Der **Bauer** ritt sehr gern auf dem **Pferd**, denn es war sehr schnell. Er hatte natürlich einen **Hofhund**, der den Bauernhof bewachte. Der **Hofhund** schlief immer in seiner Hundehütte.
Der **Bauer** hatte außerdem noch eine **Kuh**. Die **Kuh** war noch nicht lange auf dem Bauernhof, aber sie gab die leckerste Milch, die der **Bauer** je getrunken hatte. Sie wohnte im Kuhstall.
Und das **Huhn**, das im Hühnerstall lebte, legte die besten Eier. Auf dem Bauernhof gab es auch eine **Maus**. Die flitzte immer überall herum und kannte alle Neuigkeiten.

Eines Abends hörte die **Maus**, dass der **Bauer** zu einer Tanzparty reiten wollte. Sie lief sofort zum **Huhn** und erzählte ihm das. Das **Huhn** war empört und meinte, sie müssten das sofort dem **Hofhund** erzählen. Als der **Hofhund** hörte, dass der **Bauer** auf seinem **Pferd** zum Tanzen reiten wollte, sagte auch er: „So eine Gemeinheit! Und was ist mit uns?" Die drei überlegten. Sie sahen, wie der **Bauer** auf seinem **Pferd** davonritt. Da kam dem **Huhn** eine Idee: „Wir veranstalten selber einen Tanzabend!"
„Das ist eine tolle Idee!", fiepte die **Maus**. „Ich laufe schnell los und hole die **Kuh**! Die möchte bestimmt mittanzen." Nach nur ein paar Minuten waren die **Maus** und die **Kuh** wieder bei dem **Hofhund** und dem **Huhn**.

„Jetzt brauchen wir Musik!" Da waren sich alle einig. Da gackerte das Huhn los und sang so schön, wie ein Huhn singen kann. Dabei flatterte es wild mit den Flügeln um sich. Die Maus stimmte mit ein und tanzte beim Singen um das Huhn herum. Der Hofhund sagte zu der Kuh: „Darf ich bitten, liebe Kuh, ich möchte gern mit dir tanzen!" „Aber gern doch", sagte die Kuh und tanzte im Walzerschritt um den Hofhund herum.

Das war ein schönes und doch seltsames Bild: Die Maus drehte sich im Kreis und fiepte in den höchsten Tönen. Das Huhn gackerte im Takt dazu und flog tanzend auf und ab. Der Hofhund und die Kuh drehten sich im Walzerschritt. Dabei musste die Kuh aufpassen, dass sie dem Hofhund nicht auf die Pfoten trat. Das klappte vorzüglich.

An diesem Abend tanzten und sangen die Tiere, bis der Mond hoch am Himmel stand. Dann wurden sie müde und jeder ging in sein Bett. Der Hofhund lief in seine Hundehütte, das Huhn flatterte zurück in den Hühnerstall, die Kuh ging in ihren Kuhstall und die Maus lief in das Mauseloch. Als der Bauer später mit dem Pferd nach Hause kam, schliefen die anderen Tiere schon tief und fest und träumten von ihrem tollen Tanzabend.

Und so geht's:

Die Kinder spielen die Geschichte – während des Vorlesens – mit. Sobald eine Figur im Text vorkommt, führen die Mädchen und Jungen die passenden Bewegungen aus.

Bewegungsvorschläge für die Geschichte:

Bauer: nacheinander mit beiden Füßen aufstampfen

Pferd: mit den Händen auf den Oberschenkeln „galoppieren"

Hofhund: mit den Fäusten auf die Brust schlagen (weil er stark ist)

Kuh: mit der rechten Hand am linken Arm von oben nach unten entlangstreichen (Fliegen verscheuchen)

Huhn: Arme anwinkeln und auf- und abbewegen („flattern")

Maus: mit Zeige- und Mittelfinger auf den Oberschenkeln in kleinen, schnellen Schritten laufen

Idee: Kathrin Eimler

Elisas Garten

Aufpassgeschichte

Alter: ab 4 Jahren
Dauer: 5 Minuten

Elisa spielt am liebsten draußen im Garten. Immer, wenn die … *(Sonne)* scheint, freut sie sich. Dann holt sie ihre Schubkarre aus dem Keller und geht zu ihrer Sandkiste. Dort braucht sie ihre … *(Schaufel)*, … *(die Sandformen)* und … *(was den Kindern einfällt)*, um Sandkastenbäckerei zu spielen.

Wenn ihre Freundin Miri zu Besuch kommt, sitzen die beiden oft im Schatten des großen … *(Baumes/Hauses/…)* und erzählen sich die tollsten Geschichten.
Dann beobachten sie im Baum die … *(Vögel/Eichhörnchen/Blätter)*.
An ganz heißen Tagen nimmt Elisa ihre Gießkanne und gießt die … *(Blumen/Pflanzen/Bäume)*. Mama stellt dann ein Planschbecken ins Gras. Elisa zieht ihren … *(Badeanzug/Bikini)* an und cremt sich mit … *(Sonnencreme)* ein. Dann springt sie ins kühle … *(Wasser)*. Das macht am meisten Spaß, wenn ihre Freundin … *(Miri)* dabei ist. Die Mädchen spritzen sich gegenseitig … *(nass)* und freuen sich, wenn es so richtig wild ist.
Haben sie genug vom Wasser, legen sie sich mit Handtüchern auf die Wiese und schauen in den Himmel.
Dort am Himmel entdecken sie … *(Wolken/Vögel/Flugzeuge/…)*. Elisa und Miri mögen sich sehr gern. Deshalb treffen sie sich auch, so oft es geht, zum … *(Spielen/Toben/Erzählen/…)*.
Abends, wenn Miri nach Hause geht, umarmen sich die beiden Freundinnen und Elisa flüstert Miri dann immer ins Ohr: „Du bist die beste … *(Freundin)* der Welt."

Und so geht's:
Bei dieser Geschichte sind gleich zwei Fähigkeiten gefragt: Zum einen müssen die Kinder gut aufpassen und kombinieren, welches Wort hier gerade fehlt. Zum anderen ist auch Einfallsreichtum gefragt. Das Ganze nur durch Zuhören statt durch Mitlesen zu leisten, ist gar nicht so einfach. Lesen Sie darum langsam und lassen Sie den Kindern genug Zeit zum Nachdenken und Ideenentwickeln.

Idee: Marion Bischoff

Sommer-Yoga auf der Wiese

Entspannungsgeschichte

Alter: ab 3 Jahren
Dauer: 15 Minuten

Schau dir deinen Grashalm genau an. Er ist grün und saftig und direkt aus der Erde gewachsen. Im Wind bewegt er sich sacht hin und her. Sei du der Wind. Puste deinen Grashalm und schau ihm dabei zu, wie er sich in deinem Wind bewegt. Schließe deine Augen. Atme tief ein und langsam aus. Spürst du die Sonnenstrahlen auf deiner Haut? Wie sie dich wärmen? Wie sie deine Muskeln lockern und dir sagen: Du darfst dich auch hinlegen.
Dein Grashalm mag die Sonne. Sie gibt ihm Kraft. Nur mit ihrer Hilfe kann er wachsen und gedeihen. Er streichelt dich, wenn du ihn streichelst. Willst du ihn fühlen? Strecke deine Hand aus, streiche über den Grashalm und fühle ihn. Er ist weich. Vielleicht kitzelt er dich sogar. Seine Wurzel hält ihn fest in der Erde.

So wie dich deine Füße auf der Erde halten. Steh auf, sei du der Grashalm. Spürst du deine Füße, die Wurzeln? Schließe die Augen und schicke die Kraft in deine Wurzeln. Und lausche dem Wind, der deine Haut berührt, der dich hin- und herschwingen lässt. Bewege dich mit dem Wind, wie der Grashalm. Von der Wurzel fest an einer Stelle gehalten, tanzt du mit dem Wind. Es ist ein ruhiger, langsamer Tanz. Nur ganz sacht. Und die Sonne wärmt dich, gibt dir Kraft, um zu wachsen.

Und so geht's:

Gehen Sie mit den Kindern nach draußen – am besten auf eine Wiese, auf der die Gräser nicht zu hochgewachsen sind. Jedes Kind wählt einen Grashalm aus, den es betrachten möchte, und setzt sich bequem davor. Sprechen Sie leise und gleichmäßig, aber deutlich genug, sodass die Kinder Sie gut hören können und nicht durch Außengeräusche abgelenkt werden.

Tipp:

Nehmen Sie am Anfang maximal fünf Kinder mit. Haben sich die Kinder an die Situation gewöhnt, lässt sich die Gruppe nach und nach auf bis zu 10 Kinder vergrößern.

Idee: Marion Bischoff

Sonnenblumen-Song

Alter: ab 3 Jahren
Dauer: 5 Minuten

Lied

Liebe Sonnenblume blühst so wunderschön, blühst so wunderschön.
Siehst aus wie die Sonne, das kann jeder sehn.

Deine gelben Blätter locken Bienen an, locken Bienen an.
Und aus deinem Nektar wird ihr Honig dann.

In deiner Blütenmitte wächst etwas heran, wächst etwas heran.
Sonnenblumenkerne, die man essen kann.

Die Vögel kommen gerne hier bei dir vorbei, hier bei dir vorbei.
Sie freun sich auf das Futter im Winter und im Mai.

Liebe Sonnenblume, 'n paar Kerne heb ich auf, 'n paar Kerne heb ich auf.
Für eine Sonnenblume im nächsten Jahreslauf.

(Melodie: Alle meine Entchen)

Tipp:
Stecken Sie einige Wochen zuvor Sonnenblumenkerne in die Erde, dann kann jedes Kind seine eigene Sonnenblume besingen.

Idee: Marion Bischoff

Sommergewitter

Reimgeschichte

Alter: ab 3 Jahren
Dauer: 15 Minuten

Mariechen in der Sonne sitzt
und schwitzt und schwitzt und schwitzt und schwitzt.
Es ist so heiß, so schrecklich heiß,
jammert sie und wischt den Schweiß.

Bald ziehen dicke Wolken her,
die sind ganz grau und hängen schwer.
Der Wind treibt sie schnell vor die Sonne,
Mariechen freut sich, welche Wonne.

Dann dringt es aus der Ferne ran,
das Donnergrollen, Mann oh Mann.
Mariechen eilt ins Haus zurück
und denkt sich noch, was hab ich Glück.

Ein Blitz erhellt die Wolkendecke,
der Wind, der rüttelt an der Hecke.
Regen prasselt auf die Straße,
in seinem Bau wartet der Hase.

Da wird der Himmel wieder blau,
die Wolken sind auch nicht mehr grau.
Die Sonne blinzelt wieder vor
und alles ist grad wie zuvor.

Tipp:
Bieten Sie den Kindern die Möglichkeit, sich zu der Reimgeschichte zu bewegen, oder – und das ist auch sehr spannend – passend zu der Geschichte ein Bild zu malen.

Idee: Marion Bischoff

Urlaubszeit

Lied

Alter: ab 4 Jahren
Dauer: 5 Minuten

Ich pack meinen Koffer und mache nicht schlapp, klipp, klapp.
Denn gleich reisen wir in den U-urlaub ab, klipp, klapp.
Ich steige ins Flugzeug und schon geht es los,
wir fliegen nach Spanien, die Freude ist groß,
klipp, klapp, klipp, klapp, klipp, klapp.

Wir sind endlich da und jetzt geht es zum Strand, klipp, klapp.
Ich bau eine Sandburg im lauwarmen Sand, klipp, klapp.
Jetzt nehme ich Anlauf und springe ins Meer,
und schwimm in den Wellen, das mag ich so sehr,
klipp, klapp, klipp, klapp, klipp, klapp.

(Melodie: Es klappert die Mühle am rauschenden Bach)

Und so geht's:
Bei *klipp, klapp* im Takt klatschen.

Idee: Leah Schäfer

Husky Horst

Mitmachgedicht

Alter: ab 4 Jahren
Dauer: 5 Minuten

Husky Horst sagt: „Jetzt ist Schluss!
Denn, wenn ich eins mal sagen muss:
Die Hände vor dem Körper überkreuzen und dann nach außen ziehen.

Tagein, tagaus gibt's hier nur Schnee,
ich wünsch mir Blumen, Gras und Klee."
Die Finger beider Hände zappeln, dabei die Hände von oben nach unten bewegen.

Packt den Koffer wie im Dauerlauf
und schnallt ihn auf den Schlitten drauf.
So tun, als würde man schnell einen Koffer packen und auf einem Schlitten befestigen.

Horst rennt los und freut sich sehr,
der Husky will zum Mittelmeer.
Auf der Stelle laufen.

Nach vielen Tagen ist er da,
Horst jubelt und ruft laut: „Hurra!"
Die Arme in die Luft strecken und jubeln.

Jetzt will er ganz schnell an den Strand,
läuft dabei durch den heißen Sand.
Auf der Stelle gehen.

Er hüpft und jault: „Autsch, ist das heiß,
ganz anders als in Schnee und Eis.
Hüpfen und sich anschließend die Fußsohlen pusten.

Wie können Menschen hier nur sitzen
und gar nichts tun, außer zu schwitzen?"
Mit dem Handrücken imaginären Schweiß von der Stirn wischen.

„Nein", denkt Horst, „das will ich nicht",
und taucht ins Wasser sein Gesicht.
Den Zeigefinger hin- und herbewegen, danach den Kopf nach unten strecken.

„Ich werd lieber wieder gehn,
bei mir zu Hause – da ist's schön."
Winken.

Idee: Leah Schäfer

Der letzte Tag im Kindergarten

Vorlesegeschichte

Alter: ab 3 Jahren
Dauer: 5 Minuten

Heute ist es so weit. Der letzte Tag im Kindergarten. Carla und Moritz sind schon ganz aufgeregt, denn heute dürfen sie ihre Schulranzen mitnehmen und den anderen Kindern zeigen. Carlas Ranzen ist lila – mit Schmetterlingen und einem Einhorn darauf. Moritz hat einen blauen mit Polizeiautos. Stolz setzen sie ihre Ranzen auf den Rücken und laufen mit Mama zum Kindergarten.

Ist das ein aufgeregtes Treiben, als die drei endlich ankommen. Theo präsentiert einen grünen Schulranzen mit einem Fußball und Fußballschuhen. Anna hat einen mit einem Dinosaurier drauf und Aylas Ranzen ist regenbogenfarben mit Pferden. Die Kinder spielen fast den ganzen Vormittag Schule. Einer ist immer der Lehrer und die anderen schreiben Zahlen, Buchstaben und Kringel auf ein Blatt.

Die Zeit vergeht wie im Flug und plötzlich ist es schon Zeit, sich zu verabschieden. Die Kinder und Erzieher umarmen sich und es fließen dabei auch ein paar Tränen. Doch die Mädchen und Jungen versprechen, in den Ferien mal zu Besuch zu kommen.

Dann bekommen die Kinder noch ihre Portfolio-Ordner und die Zeichenmappen mit ihren Bildern. Diese nehmen die Eltern, denn in Carla und Moritz' Kita werden die Kinder – zusammen mit ihren Schulranzen – „hinausgeworfen". Vor der Tür liegt eine große weiche Turnmatte. Moritz hat sich seinen Freund Ali ausgesucht, der seinen Ranzen durch die Tür, auf die Matte, wirft. Danach nehmen zwei Erzieher Moritz Arme und Beine und schwingen ihn dreimal hin und her. Beim dritten Mal landet auch Moritz – wie zuvor sein Schulranzen – auf der weichen Matte. Nachdem alle rausgeworfen wurden, haben Mama und Papa noch eine Überraschung für die beiden. Zur Feier des Tages gehen sie jetzt gleich noch ein Eis essen. Was für ein aufregender Tag!

Idee: Leah Schäfer

Was ziehe ich im Sommer an?

Mitmachgeschichte

Alter: ab 4 Jahren
Dauer: 10 Minuten

Lucy liegt in ihrem Bett und schläft. Da kitzelt sie ein warmer Sommer-Sonnenstrahl an der Nase. Sie wacht auf und streckt sich erst einmal.
Auf dem Boden liegen. Zuerst schlafend stellen, danach sich strecken.

Heute ist Samstag. Lucy freut sich. Denn am Wochenende kann sie ganz viel Zeit mit Mama und Papa verbringen. Vor dem Frühstück will sie noch ein bisschen im Garten spielen. Lucy steht auf und geht zum Schrank. Was soll sie denn bloß anziehen?
Aufstehen und ein paar Schritte gehen. Einen Schrank öffnen.

Jetzt weiß sie es. Zuerst den Schlafanzug ausziehen. Und dann die Socken anziehen, die Hose und den pinkfarbenen Pullover mit den Schäfchen drauf.
Das ist ihr Lieblingspullover. Er ist so kuschelig und weich. Und dann noch Schal, Mütze, Schuhe und die Jacke.
Anziehbewegungen wie im Text machen.

Lucy geht in den Garten zu ihrer Schaukel. Doch irgendetwas stimmt nicht. Sie schwitzt ganz fürchterlich.
Zuerst durch den Raum gehen, danach mit dem Handrücken Schweiß von der Stirn wischen.

Schnell rennt sie zurück in ihr Zimmer. Sie zieht die warmen Schuhe aus, die Mütze, die Jacke, den Schal, den kuscheligen Pullover und die Hose.
Durch den Raum rennen. Anschließend Ausziehbewegungen wie im Text machen.

Dann nimmt sie sich eine kurze Hose aus dem Schrank und ein T-Shirt und zieht beides an. Zum Schluss noch die Sandalen und dann schnell raus in den Garten.
Jetzt ist es gut.
Anziehbewegungen wie im Text machen. Danach wieder durch den Raum gehen. Den Daumen hochhalten.

Idee: Leah Schäfer

Urlaubsreise mit dem Zug

Massage

Alter: ab 4 Jahren
Dauer: 10 Minuten

Die Sommerferien sind da, die Koffer gepackt und wir sind startklar für unsere Urlaubsreise.
Mit beiden Handflächen über den Rücken streichen.

Wir steigen in den Zug und setzen uns ans Fenster. Von da aus können wir alles gut sehen.
Mit den Fingern einer Handfläche auf den unteren Rücken drücken.

Der Zug fährt los. Zuerst ist er ganz langsam.
Mit den Fingern einer Handfläche langsam über den Rücken streichen.

Dann wird er immer schneller. Kreuz und quer fährt er durch die Landschaft.
Schneller werden.

Plötzlich hält er an. Das Signal steht auf Rot. Wir schauen aus dem Fenster und entdecken eine riesige Wiese mit wunderschönen bunten Blumen.
Anhalten. Danach mit beiden Handflächen über den Rücken streichen. Anschließend mit den Fingerspitzen mehrmals leicht auf den Rücken drücken.

Danach fährt der Zug wieder weiter – über Berge und durch Täler, geradeaus und durch Kurven.
Mit den Fingern einer Handfläche über den Rücken streichen.

Bis er schließlich im Bahnhof ankommt. Die Fahrt ist zu Ende. Bitte aussteigen!
Anhalten. Mit den Fingern einer Handfläche auf den unteren Rücken drücken. Anschließend mit beiden Handflächen über den Rücken streichen.

Idee: Leah Schäfer

Abtauchen im Meer

Fantasiereise

Material
- 1 Decke oder Matte für jedes Kind

Alter: ab 4 Jahren
Dauer: 10 Minuten

Du liegst am Strand auf einer weichen Decke. Die Sonne scheint auf dich herab. Sie ist warm und macht dir ein angenehmes Gefühl auf deiner Haut. Du schließt deine Augen und denkst an etwas Schönes.

Nach einer Weile stehst du auf und läufst durch den warmen Sand zum Wasser. Die Wellen rauschen beruhigend vor und zurück. Du setzt einen Fuß ins Wasser. Danach den zweiten. Schritt für Schritt gehst du weiter hinein. Du schwimmst eine Runde, danach holst du tief Luft und tauchst unter.

Beim Tauchen öffnest du die Augen. Du staunst – ein Schwarm bunter Fische schwimmt an dir vorbei. Ihre Schuppen leuchten in schillernden Farben. Du schwimmst ihnen hinterher. Dabei tauchst du tiefer. Dort entdeckst du ein Korallenriff. Die Korallen sehen wunderschön aus – wie Meeresblumen: Sie schimmern in Rot, Blau, Lila, Grün und Orange.

Eine Meeresschildkröte knabbert an einer Koralle. Sie ist sehr groß. Du schwimmst in ihre Nähe und siehst sie dir genauer an. Langsam geht dir die Luft aus. In aller Ruhe tauchst du wieder auf und schwimmst zurück zum Strand. Du gehst zu deiner Decke und legst dich darauf. Die Sonne trocknet die Wassertropfen auf deinem Körper. Du schließt erneut die Augen und denkst noch einmal an die Fische, die Korallen und die Schildkröte. Das hat Spaß gemacht.

Langsam setzt du dich wieder auf, schüttelst deine Arme und Beine aus und stehst auf.

Idee: Leah Schäfer

Wer bin ich?

Rätsel

Alter: ab 4 Jahren
Dauer: 10 Minuten

Manchmal bin ich bunt und manchmal einfarbig.
Ich sitze oben auf dem Kopf und
schütze meinen Träger vor der Sonne.
(Sonnenhut)

Kinder und Erwachsene lieben mich.
Mich kann man essen. Ich bin kalt und
schmecke oft nach Vanille, Schokolade
oder Erdbeere.
(Eis)

Ich bin groß und schlank. Ich habe einen Stängel
und Blätter. Mein Kopf ist in der Mitte braun.
Außen herum ist ein gelber Blütenkranz.
(Sonnenblume)

Du kannst mich in einem Schwimmbad finden.
Die Kinder können an mir hochklettern und von mir aus
ins Wasser hineinspringen.
(Sprungbrett)

Ich bin ein Fahrzeug. Mit mir können große und kleine Menschen fahren.
Ich habe zwei Räder mit Speichen, zwei Pedale, einen Lenker,
eine Klingel und einen Sattel.
Bei jüngeren Kindern habe ich manchmal noch zwei Stützräder.
(Fahrrad)

Idee: Leah Schäfer

Grashüpfer Flo

Fingerspiel

Alter: ab 3 Jahren
Dauer: 5 Minuten

Fünf Blümlein auf der Wiese stehn,
sie sind sehr schön anzusehn.
Die Finger einer Hand spreizen und die ganze Hand hin- und herdrehen.

Grashüpfer Flo, der hüpft herbei
und springt auf die Blumen 1, 2, 3.
Mit dem Zeigefinger der zweiten Hand nacheinander die ersten drei Finger berühren.

Dann knabbert er an einem Blatt
und hat noch Hunger, ist noch nicht satt.
Mit Daumen und Zeigefinger den Mittelfinger rauf- und runterfahren.

Drum springt er lieber noch ein Stück
und versucht hier einmal sein Glück.
Mit Daumen und Zeigefinger den Ringfinger berühren.

Er knabbert hier ganz munter weiter,
jetzt ist er satt und froh und heiter.
Mit den beiden Fingern den Ringfinger rauf- und runterfahren.

So springt er noch ein kleines Stück,
dann hüpft Flo wieder zurück.
Den kleinen Finger berühren, danach der Reihe nach alle anderen Finger berühren.

Idee: Leah Schäfer

Der Piratenschatz

Vorlesegeschichte

Alter: ab 4 Jahren
Dauer: 10 Minuten

Flo und sein Bruder Tim sitzen am Strand und bauen eine Sandburg. Richtig hoch ist sie schon geworden – mit drei großen Gebäuden in der Mitte und vier hohen Türmen. Um die ganze Burg ziehen sich eine Mauer und ein Wassergraben. Tim klopft gerade mit seiner Schaufel auf die Burgmauer, damit der Sand noch fester wird.

„Ich werde jetzt den Burggraben fluten", sagt Flo und geht ein paar Meter weiter Richtung Wasser, wo die Wellen ihm bis zu den Knöcheln entgegenschwappen. Dort füllt er seinen Eimer, bringt ihn zurück zur Burg und gießt ihn in den Graben.

Als Flo den Eimer gerade zum dritten Mal füllen will, spürt er einen Schlag am Knöchel. „Aua!", ruft er und schaut an sich herunter. Da erblickt er eine kleine Glasflasche, die in den Wellen hin- und herschaukelt. Flo bückt sich nach der Flasche und trägt sie an den Strand. Gerade, als er sie in den Müll werfen will, bemerkt er, dass in der Flasche ein zusammengerollter Zettel steckt.

Der Junge geht schnell zu seinem Bruder und zeigt ihm die Flasche. Gemeinsam ziehen sie den Korken heraus und entnehmen das Papier. Als sie es aufrollen, trauen sie ihren Augen nicht.
„Flo, das ist ja eine Schatzkarte!", ruft Tim fasziniert.
„Das gibt's ja nicht! Eine echte Schatzkarte", freut sich sein Bruder. „Komm, wir wollen gleich losgehen und den Schatz suchen."

Kurz darauf machen sich die beiden Jungen auf den Weg. Sie vergleichen ihren Standort mit der Karte: „An dem großen Felsen geht es los. Der ist hier vorn eingezeichnet. Von hier aus müssen wir 80 Schritte geradeaus." Die Jungen setzen einen Fuß vor den anderen und zählen laut: „1, 2, 3 … 78, 79, 80." Danach müssen sie 50 Schritte nach links, eine kleine Brücke überqueren, 100 Schritte wieder geradeaus und zum Schluss noch 75 Schritte nach rechts.

„So, hier muss es sein", sagt Flo. Die Brüder nehmen ihre Schaufeln und beginnen zu graben. Sie graben und graben. Immer tiefer wird das Loch, das sie gerade ausheben. Sie arbeiten so angestrengt und konzentriert, dass sie überhaupt nicht bemerken, dass die Sonne bereits untergeht.

Als sie in der Dämmerung kaum noch etwas sehen können, stoßen sie mit ihren Schaufeln auf etwas Hartes. „Tim, wir haben sie gefunden!", ruft Flo. Gemeinsam heben sie die Schatztruhe aus dem Loch und stellen sie in den Sand. Mittlerweile ist es schon richtig dunkel geworden. Nur der Mond wirft ein schwaches Licht auf die Kinder. „Wie sollen wir denn jetzt nach Hause kommen?", fragt Flo ängstlich. „Wir sehen ja fast nichts mehr!" Tim beruhigt ihn: „Komm, lass uns erst einmal die Truhe öffnen. Dann sehen wir weiter."

Die Brüder öffnen das Schloss, heben den Deckel an und kommen aus dem Staunen nicht mehr heraus. Die Truhe ist prall gefüllt mit alten Goldmünzen und wertvollen Edelsteinen. Sie funkeln im Mondlicht fast so hell wie ein Sonnenstrahl. „Siehst du", sagt Tim und grinst. „Unser Schatz zeigt uns den Heimweg." Die beiden Jungen nehmen die geöffnete Truhe und leuchten sich mithilfe des Mondlichts den Weg nach Hause.

Idee: Leah Schäfer

Herbst

Der kleine Drache weiß es besser

Vorlesegeschichte

Alter: ab 3 Jahren
Dauer: 10 Minuten

„Wenn du rausgehst, dann zieh dir bitte deinen Drachenanzug an!", ruft der Drachenpapa aus der Küche. „Es ist eiskalt und es regnet."

„Na und?", denkt sich der kleine Drache. Anziehen findet er total langweilig. Und der Drachenanzug kratzt und man kann sich gar nicht richtig darin bewegen.

„Bist du fertig?", ruft seine Schwester Ratzi, die schon in ihrem Drachenanzug steckt.
„Klar", sagt der kleine Drache.

„So kannst du nicht nach draußen!", wundert sich Ratzi. „Es ist superkalt!"

„Ich bin ein Drache, Drachen frieren doch nicht!", sagt der kleine Drache selbstbewusst.

Gemeinsam rennen die beiden Drachenkinder nach draußen. Draußen ist es toll. Ein eisiger Wind weht welke Blätter und leere Mülltonnen über die Straße und pustet den Leuten und den Drachen Hüte und Mützen vom Kopf.

Die Drachenkinder rennen auf den Spielplatz.

Und so geht's:
Warme Kleider sind ganz schön lästig: Es dauert ewig, bis man sie endlich angezogen hat. Manchmal kratzen sie, vielleicht sind sie eng oder man kann sich nicht so gut darin bewegen. Und doch haben warme Kleider ihren Sinn. Das ahnt der kleine Drache in dieser Geschichte. Oder? Lassen Sie die Kinder die Geschichte zu Ende erzählen!

Impulsfragen:

- Wie geht es dem kleinen Drachen am Ende der Geschichte?
- Hast du dich auch schon einmal so gefühlt?
- Wie geht die Geschichte denn jetzt weiter?
- Was würdest du dem kleinen Drachen raten?
- Wie könnte Ratzi ihrem Bruder helfen?
- Was könnte der Drachenpapa wegen des kratzigen Drachenanzugs unternehmen?

Ratzi rutscht auf der Rutsche und baut im Drachenkindersandkasten eine Drachenburg. Der kleine Drache rutscht auch. Hui, der Wind pustet ihm nur so ins Gesicht. Schnell bläst er sich einen Feuerstrahl, um sich die Pfoten zu wärmen, aber der Wind pustet sein Feuer einfach aus.

„Kommst du jetzt und baust mit?", ruft seine Schwester.

Der kleine Drache setzt sich zu Ratzi in den Sandkasten, aber der Sand ist nass und kalt. Seine Augen tränen im eisigen Wind und seine Finger sind schon ganz taub.

„Was ist denn los?", fragt Ratzi.

„M… mir i… i… ist jetzt doch ein b…b…b…", beginnt der kleine Drache. „Kalt?" „J…, j…, j…" Der kleine Drache kann gar nicht weitersprechen. „Hatschi!", niest er.

Idee: Tina Scherer

Ralf sorgt vor

Klanggeschichte

Alter: ab 4 Jahren
Dauer: 10 Minuten

Material

- Klanginstrumente nach eigener Auswahl, beispielsweise Klanghölzer, Trommeln oder Holzblock

Eichhörnchen Ralf hat jede Menge Nüsse gesammelt. Hört mal, wie die Nüsse aneinanderkullern und dabei klackern und klickern!

Und weil Ralf ein kluges Eichhörnchen ist, hat es auch noch Eicheln gesammelt. Hört mal, wie sie kullern, klackern und klickern!

Jetzt sitzt Ralf gemütlich im Laub und guckt den ersten Schneeflocken zu, wie sie langsam auf den Boden sinken.

Da piepst neben ihm ein zartes Stimmchen: „Huhu, Ralf, sag mal, hast du vielleicht was zu essen für mich?" Das ist die kleine Maus Claire, die nie arbeitet und nichts sammelt und immer nur bei den anderen Tieren bettelt.

Na schön, denkt das Eichhörnchen. Es gräbt eine Nuss aus seinem Versteck und schenkt sie der Maus.
Die Maus freut sich und flitzt davon.

Am nächsten Tag fragt die Maus schon wieder nach Futter. Ralf schenkt ihr eine Kastanie.

Tags darauf: eine Eichel.

Am nächsten Tag: eine Nuss.

„Kannst du dir nicht selbst mal was sammeln!", schimpft Ralf.

Doch eines Tages bekommt die Maus ein Stück Brot, viele kleine Haselnüsse und sogar einige Kastanien geschenkt. Die Kinder aus der Kita Regenbogen haben sie in den Garten gelegt und Claire, die kleine Maus, hat sie gefunden. Und was glaubt ihr? Claire gibt jedem Tier davon ab. Und Ralf? Das Eichhörnchen bekommt ganz besonders viele Nüsse. Juhu!

Und so geht's:
Die Kinder ergänzen die Geräusche nach jeder Pause im Text (hier durch Absätze dargestellt) durch eigene Ideen mit den verschiedenen Klanginstrumenten.

Idee: Tina Scherer

Naschzwerge

Fingerspiel

Alter: ab 3 Jahren
Dauer: 10 Minuten

Fünf kleine Zwerge
gehen heute zum Ernten.
Die Finger einer Hand wackeln.

Der erste Zwerg pflückt die Birnen,
Den Daumen hochheben und dann
mit beiden Händen Pflückbewegungen machen.

der zweite Zwerg pflückt die Äpfel,
Den Zeigefinger hochheben und dann
mit beiden Händen Pflückbewegungen machen.

der dritte Zwerg pflückt die Pflaumen,
Den Mittelfinger hochheben und dann
mit beiden Händen Pflückbewegungen machen.

der vierte Zwerg pflückt die Brombeeren.
Den Ringfinger hochheben und dann
mit beiden Händen Pflückbewegungen machen.

Der fünfte Zwerg
Den kleinen Finger hochheben.

ist zum Helfen noch zu klein,
Den Kopf schütteln.

aber Früchte naschen ist fein. Mmh, lecker!
Alle dürfen sich den Bauch reiben.

Idee: Michaela Lambrecht

Wer weiß es?

Rätsel

Alter: ab 3 Jahren
Dauer: 10 Minuten

Dieses Gemüse wächst in der Erde.
Daraus werden Pommes frites gemacht.
(Kartoffeln)

Sie sind rund und wachsen am Baum.
Es gibt sie in verschiedenen Farben
und man kann daraus auch Kuchen
backen und Mus pürieren.
(Äpfel)

Sie wachsen am Baum und
haben eine längliche Form.
(Birnen)

Es wächst auf dem Acker und
wird vom Bauern geerntet.
(Getreide)

Es wird aus Getreide gemacht
und man braucht es zum Brotbacken.
(Mehl)

Er wächst auf dem Feld und ist gelb.
Man kann aus ihm Popcorn machen.
(Mais)

Es wird aus Getreide gebacken und
schmeckt sehr lecker.
(Brot)

Idee: Michaela Lambrecht

Stürmischer Herbst

Massage

Alter: ab 4 Jahren
Dauer: 15 Minuten

Der Herbst, der zieht mit Sturm ins Land
und zeigt uns seine starke Hand.
Mit der flachen Hand über den Rücken streichen.

An den Bäumen schüttelt er,
bläst und pustet immer mehr.
An den Schultern anfassen und rütteln.

Blätter fall'n vom Baum herunter,
werden bunter, immer bunter.
Von den Schultern zur Hüfte Fingerkuppen auf den Rücken verteilt drücken.

Eichhörnchen läuft den Stamm hinauf,
rundherum im Dauerlauf.
Im Zickzack mit dem Zeige- und dem Mittelfinger im Wechsel über den Rücken „laufen".

Legt den Wintervorrat an,
damit es nicht verhungern kann.
Mit der flachen Hand auf einer Stelle kreisen.

Der Igel unterm Laub versteckt,
wo niemand ihn im Wald entdeckt,
Kreisende Bewegungen auf einer Stelle machen.

macht sich zum Winterschlaf sein Bett,
frisst vorher sich an Äpfeln fett.
Mit der flachen Hand von der Mitte des Rückens zu allen Seiten streichen.

In den Himmel Drachen steigen,
tanzen einen bunten Reigen.
Mit dem Zeigefinger eine „Drachenschnur" von der Hüfte bis zum Nacken ziehen.

Und der Herbstwind bläst mit Macht,
weil er das so gerne macht.
Mit der flachen Hand über den ganzen Rücken hin- und herstreichen.

Und so geht's:

Die Kinder sitzen im Stuhlkreis paarweise so, dass ein Kind dem anderen den Rücken zuwendet, sodass das eine Kind die Massagebewegungen bei seinem Partner ausführen kann. Beim zweiten Durchgang werden die Rollen getauscht. Sie lesen langsam den Text vor und achten darauf, dass alle Kinder die angesagten Bewegungen bei ihrem Partner adäquat ausführen.

Idee: Annegret Frank

Gespensterparty

Klanggeschichte

Alter: ab 4 Jahren
Dauer: 20 Minuten

Material
- Rasseln, Klangstäbe
- 1 Holzblocktrommel

Die kleinen Gespensterkinder sind ganz aufgeregt.
Alle spielen ihr Instrument.

Heute dürfen sie zum ersten Mal Halloween feiern.
Dazu haben sie ihre Freunde, die kleinen Monsterkinder, eingeladen.
Zur Begrüßung rasseln sie mit Ketten,
Die Kinder rasseln.

erschrecken und necken,
Die Klangstäbe werden gespielt.

machen „Hui!" und „Bu!".
Die Holzblocktrommel wird geschlagen.

Schade!
In die Hände klatschen.

Vorbei ist das Fest im Nu.
Alle Instrumente spielen gleichzeitig und hören dann auf.

Sie fallen in ihre Betten hinein und schlafen gleich ein.
Die Kinder machen Schnarchgeräusche.

Idee: Michaela Lambrecht

Der Herbst ist da!

Reimgedicht

Alter: ab 4 Jahren
Dauer: 10 Minuten

Am Morgen seh'n wir aus dem Fenster,
was ist denn das – sind da (Gespenster)?

Sie fliegen – rot, orange und gelb und braun,
hängen doch sonst hoch am (Baum)!

Blätter sind's und ganz geschwind
treiben sie herum im (Wind).

Der Herbst, der ist jetzt richtig da,
und wir rufen laut (Hurra)!

Denn im Herbst können wir toben,
wälzen uns im Laub am (Boden).

Der Regen macht uns Pfützen!
Wir setzen schnell auf uns're (Mützen),

die Gummistiefel kommen mit,
denn Pfützenspringen ist der (Hit)!

Das Eichhörnchen flitzt auch herum,
schließlich ist es gar nicht (dumm),

sammelt Nüsse und Eicheln
zum Fressen,
denn unterm Schnee findet es nichts zu (essen)!

Der Igel sucht im Laub sein Bett,
denn Winterschlaf ist für ihn (nett).

Er ruht sich aus, bis er erwacht,
wenn die Frühlingssonne (lacht).

Das Laternenfest ist nah
und wird bestimmt ganz wunder(bar)!

Die Laternen basteln wir
mit Schere, Kleber und (Papier)!

Singen auch dazu ein Lied
und alle singen ganz laut (mit).

Der Herbst ist eine tolle Zeit,
drum machen wir uns schnell (bereit),

zum Spielen, Basteln und Entdecken,
woll'n uns nicht im Haus (verstecken)!

Und so geht's:
Sie lesen den Text vor und die Kinder rufen die fehlenden Reimwörter zu.

Idee: Kathrin Eimler

Was fühlst du da?

Sinnesspiel

Alter: ab 3 Jahren
Dauer: 15 Minuten

Material

- Naturmaterialien (Steine, Stöcke, Tannenzapfen, Kastanien, Eicheln, Walnüsse, Blätter)
- 1 Karton mit Deckel und handgroßem Loch an der Seite
- 1 weißes Tuch

Bei einem Spaziergang sammeln Sie das Material für dieses Spiel. Breiten Sie – zurück in der Kita – alle mitgebrachten Naturmaterialien auf dem weißen Tuch aus. Die Kinder setzen sich im Kreis drum herum.

Gegenstände anschauen und anfassen

Nun dürfen die Kinder die einzelnen Materialien benennen. Anschließend werden die Materialien nacheinander im Kreis herumgegeben und befühlt. Helfen Sie den Kindern mit Fragen beim Beschreiben der Dinge und gehen Sie dabei vor allem auf die taktile Beschaffenheit ein: Sind die Dinge beispielsweise hart, weich, kalt, warm, glatt, kantig?

Gegenstände ertasten

Jetzt werden die Materialien in den bereitgestellten Karton gelegt. Der Karton wird verschlossen. Ein Kind darf anfangen und seine Hand durch das Loch stecken. Es sucht sich ein Teil aus, befühlt und beschreibt es. Wenn es meint, das Teil benennen zu können, sagt es, was es in der Hand hat. Anschließend holt das Kind den Gegenstand heraus und gemeinsam wird geguckt, ob es richtig geraten hat. Das wird so oft wiederholt, bis alle Kinder einmal an der Reihe waren.

Kunstwerk gestalten

Als Abschluss bietet es sich an, ein Kunstwerk aus den Materialien herzustellen. Die Kinder legen aus den Naturmaterialien ein Bild auf das Tuch. Dieses Motiv können Sie fotografieren, damit die Kinder es später ins Portfolio heften können.

Tipp:
Je nach Konzentration und Motivation der Kinder kann man auch noch „Was fehlt?" spielen. Dazu schließen die Kinder die Augen. Sie oder ein Kind entfernen einen der Gegenstände, dann dürfen die Kinder die Augen wieder aufmachen. Erraten sie, welcher Gegenstand nun fehlt?

Idee: Kathrin Eimler

Fünf kleine Gespenster

Fingerspiel

Alter: ab 3 Jahren
Dauer: 10 Minuten

Fünf kleine Gespenster
Die Hand mit den fünf Fingern zeigen.
gucken durch dein Fenster.
Hand an die Stirn halten und gucken.
Eines fliegt herein zu dir,
Flugbewegung mit der Hand machen.
draußen sind jetzt nur noch vier.
Vier Finger hochhalten.

Vier kleine Gespenster
Vier Finger zeigen.
gucken durch dein Fenster.
Hand an die Stirn halten und gucken.
Eins hat sich ganz doll erschreckt
Sich erschrecken.
und ist auf einmal weg.
Drei Finger hochhalten.

Drei kleine Gespenster
Drei Finger zeigen.
gucken durch dein Fenster.
Hand an die Stirn halten und gucken.
Eins fliegt schnell am Haus vorbei,
Fingerspitzen als Hausdach halten.
da waren's nur noch zwei.
Zwei Finger hochhalten.

Zwei kleine Gespenster
Zwei Finger zeigen.
gucken durch dein Fenster.
Hand an die Stirn halten und gucken.
Eines möchte auch noch geh'n
Einen Finger zeigen.
und sagt ganz leis: „Auf Wiederseh'n."
Winken.

Jetzt siehst du an den Fenstern
Hand an die Stirn halten und gucken.
nur noch eins von den Gespenstern.
Einen Finger zeigen.
Das ruft herbei die anderen vier
„Gespenster!" rufen.
und alle sind schnell wieder hier.
Fünf Finger hochhalten.

Rufen laut ihr „Schuahu"
„Schuahu!" rufen.
und winken dir ganz fröhlich zu.
Mit den Fingern wackeln/winken.

Lukas und die Martinslaterne

Vorlesegeschichte

Alter: ab 4 Jahren
Dauer: 10 Minuten

Es ist Herbst geworden. In der Garderobe des Kindergartens steht der Jahreszeitentisch mit einer wunderschönen Laterne. Jana, die neue Erzieherin von Lukas, erklärt, dass sie in diesem Jahr keine Laternen basteln, sondern für alle Kinder so eine Laterne, wie die in der Garderobe, bestellen werden. „Die Laterne kostet fünf Euro für jedes Kind. Könnt ihr das Geld bitte morgen mitbringen?"

Als Lukas nach Hause kommt, erzählt er Mama von der tollen Laterne und bittet sie um das Geld. „Du weißt doch, Lukas, ich habe keine Arbeit und nur wenig Geld. Fünf Euro sind viel zu viel für uns", sagt Mama traurig. „Aber wir basteln in diesem Jahr keine Laternen, alle müssen sie kaufen!", ruft Lukas. „Nun, ich fürchte, dann werden wir in diesem Jahr das Martinsfest wohl ausfallen lassen müssen. Dann brauchen wir auch die Laterne nicht zu kaufen", erklärt Mama. Lukas wird wütend und rennt in sein Zimmer.

Als Lukas am nächsten Tag in den Kindergarten kommt, sitzt er an seinem Platz und schaut sich traurig die Laterne auf dem Tisch an. Das letzte Martinsfest hat ihm so gut gefallen und er hat sich schon so auf das Martinsfest in diesem Jahr gefreut. Er schaut aus dem Fenster und sieht seinen Freund Marlon mit seinem Vater.

Da kommt Marlon auch schon um die Garderobenecke geflitzt und sein Vater hinterher. „Guten Morgen, Lukas", sagt Marlons Vater, „wieso siehst du denn am frühen Morgen schon so traurig aus?" Da beginnt Lukas zu weinen.
„Das ist immer nur wegen dem blöden Geld!", schreit er und Marlons Vater kann erst gar nicht verstehen, worum es geht. „Ich darf nicht zum Martinsfest kommen, weil wir kein Geld für die Laterne haben."

„Aber für die Laterne gibt es doch bestimmt eine Lösung", sagt Marlons Vater.
„Nein", weint Lukas, „meine Mama hat gesagt, sie ist zu teuer und wir kommen nicht zum Martinsfest."

Als Herr Schneider seinen Sohn Marlon in die Gruppe bringt, erzählt er der Erzieherin Jana von dem Problem mit der Martinslaterne. Jana und Herr Schneider denken nach.
Eine Woche später bringt Jana einen großen Karton mit in den Morgenkreis. Als sie den Deckel öffnet, schauen alle Kinder gespannt in die Kreismitte. Nur Lukas ist wieder traurig, weil er sich schon denken kann, dass für alle Kinder eine Laterne aus dem Karton kommt – nur für ihn nicht. Jana beginnt, die Laternen zu verteilen.

„So, jedes Kind muss noch seine Kerze darin befestigen und dann hängen wir alle eure Laternen bis zum Martinsfest in unserer Garderobe auf", schlägt sie vor. Lukas wünscht sich, er wäre heute gar nicht erst in den Kindergarten gekommen.
Alle Kinder werden gleich fröhlich ihre Laternen aufhängen, nur er nicht. „Anton, du kannst deine Laterne abholen, Lea, du auch und Marlon. Jetzt bitte, Lukas komm, hol dir deine Laterne!", ruft Jana. „Ich?", fragt Lukas erstaunt. „Ich bekomme doch gar keine Laterne." „Doch, bekommst du!", lacht Jana. Lukas steht verwundert auf und holt sich eine Laterne.

Jana und Herr Schneider haben das Geld für Lukas' Laterne bei den Eltern gesammelt. Und weil so viel Geld zusammengekommen ist, war noch etwas übrig, um für alle Kinder kleine Lichtchen zu kaufen. So haben alle etwas davon.

Als Lukas an diesem Tag nach Hause kommt, berichtet er Mama von der Laterne. Mama lächelt nur, denn sie hat schon mit Jana gesprochen.

Am Abend des Martinsfestes kommen alle zum Martinsfeuer zusammen. Lukas' Mama dreht sich zu Marlons Vater: „Vielen herzlichen Dank noch einmal, Herr Schneider!" „Keine Ursache", antwortet Marlons Vater. „Wissen Sie, Geld ist nicht alles auf dieser Welt. Dass man zusammenhält und sich hilft, ist viel, viel wichtiger."

Idee: Heike König

Heute bist du Sankt Martin

Bewegungsgeschichte

Alter: ab 4 Jahren
Dauer: 20 Minuten

Material
- kleine Kartons oder Kissen als Hindernisse

Stellt euch vor, ihr seid ein Soldat wie Sankt Martin. Ihr habt ein eigenes Pferd und ihr reitet im Galopp.
Die Kinder machen mehrere Runden Galoppsprünge.

Manchmal müsst ihr über große Hindernisse springen.
Die Kinder springen über kleine Kartons.

Und manchmal reitet ihr auch ganz langsam, wenn der Weg schmal ist oder euer Pferd müde.
Die Kinder gehen langsam.

Ihr trefft viele andere Menschen. In der Ferne seht ihr einen alten Mann am Boden sitzen. Er friert und zittert dabei.
Die Kinder schütteln sich und reiben mit den Händen über die Arme.

Ganz langsam reitet ihr hin. Ihr teilt euren Mantel mit dem Schwert.
Jedes Kind macht eine imaginäre Bewegung zum Mantelteilen.

Der Mann bedankt sich, jetzt muss er nicht mehr frieren, juhu. Schnell reitet ihr davon.
Die Kinder galoppieren mehrere Runden.

Idee: Michaela Lambrecht

Wo schläft der kleine Igel?

Klanggeschichte

Alter: ab 3 Jahren
Dauer: 15 Minuten

Material

- Kieselsteine
- Eicheln in 1 Schüssel
- Kastanien in 1 Schüssel
- Stöcke, getrocknete Blätter in 1 Schüssel

Das Laub färbt sich bunt – der Herbst ist da. Das merkt auch der kleine Igel. Er denkt bei sich: „Ich muss mir einen Schlafplatz für meinen Winterschlaf suchen." Der Igel trippelt los.
Die Stöcke aufeinanderschlagen.

Zuerst kommt er an eine hohe Steinmauer. Unten an der Mauer fehlen ein paar Steine. Dort ist ein Loch.
Mit den Steinen klappern.

„Das könnte ein Schlafplatz für mich sein", denkt sich der kleine Igel und versucht, in das Loch hineinzukriechen. Es ist sehr eng und die Steine sind spitz. „Nein", der Igel schüttelt den Kopf, „hier ist es mir zu hart." Er trippelt weiter.
Die Stöcke aufeinanderschlagen.

„Vielleicht kann ich unter den Wurzeln von dem Baum hier schlafen", denkt der kleine Igel und zwängt sich in ein Loch. „Nein", denkt der kleine Igel, „hier ist es nicht bequem." Er trippelt weiter.
Die Stöcke aufeinanderschlagen.

Da fängt es an zu regnen. Dicke Tropfen fallen auf seine Nase, seinen Rücken und sogar auf seine Füße.
Mit den Eicheln klappern.

„Jetzt muss ich bald einen Schlafplatz finden", denkt der kleine Igel. „Hier ist es mir zu nass." Der kleine Igel trippelt schneller.
Die Stöcke aufeinanderschlagen.

Auf einmal sieht er ihn – riesig liegt er vor ihm und strahlt eine behagliche Wärme aus. Es ist der schönste Laubhaufen, den der kleine Igel jemals gesehen hat. Ganz schnell kriecht er tief in das Laub hinein, kuschelt sich in die weichen Blätter und schläft sofort ein.
Mit dem Laub rascheln.

Idee: Kathrin Eimler

Naturmandala mit Duft

Entspannungsspiel

Alter: ab 4 Jahren
Dauer: 30 Minuten

Material
- 1 großer Bogen feste Pappe oder Karton
- Schere, Klebstoff, Tuch, selbst gesammelte Naturmaterialien, Zitrusfrüchteschalen, ganze Gewürze (Zimtstangen, Anissterne), Kordel, nach Wunsch: einige Tropfen Duftöl

Sammeln Sie zunächst Naturmaterialien auf einem Herbstspaziergang. Zurück in der Kita breiten die Kinder alle Schätze auf einem Tuch aus und sortieren sie. Ihre Materialsammlung können Sie außerdem ergänzen durch einige abgelaufene Teekräuter oder Gewürze, die sich nicht mehr bis zum Advent halten, etwa Zimtstangen, getrocknete Zitrusschalen und Apfelschalen.

Materialien auslegen

Dann kann es losgehen: Schneiden Sie für die Kinder die Pappe zu einem Quadrat oder einem Kreis – das können die Kinder entscheiden. Zeichnen Sie außerdem einige Hilfslinien ein (bei einem Kreis Kuchenviertel, einen Mittelpunkt …). Die Kinder können die Materialien zunächst einmal zur Probe legen. Dabei helfen Sie ihnen, indem Sie Fragen stellen: Wie sieht ein Mandala normalerweise aus? Wie könntet ihr als Erstes den Rand gestalten?

Den Herbst schnuppern

Liegen alle Materialien richtig, kleben die Kinder sie fest. Schon jetzt wird das Mandala duften, etwa nach den Gewürzen, aber vielleicht auch nach Herbst. Auf Wunsch können Sie den Duft noch intensivieren, etwa mit einem naturreinen, ätherischen Öl. Kinder mögen gern Orange oder Mandarine. Hier sollten Sie allerdings Allergien sicher ausschließen können. Toll nach Wald riechen auch Nadelbaumöle wie Zeder, Riesentanne, Fichtennadeln oder Latschenkiefer.

Zum Schluss können Sie ein kleines Loch in das Kunstwerk bohren, eine Kordel durchfädeln und es aufhängen.

Idee: Margot Lindner

Nachts im Wald

Klatschreim

Alter: ab 5 Jahren
Dauer: 5 Minuten

Die Wich-tel lau-fen tapp, tapp, tapp,
vom Berg ins Tal he-rab, rab, rab.

Die Rie-sen stamp-fen bumm, bumm, bumm,
auf Moos und Schlamm herum, rum, rum.

Die El-fen flie-gen sacht, sacht, sacht,
heut durch die kal-te Nacht, Nacht, Nacht.

Und He-xen sin-gen ha, ha, ha,
und tan-zen dazu Cha-Cha-Cha.

Die Fe-en schlei-chen leis, leis, leis,
durch Käl-te, Schnee und Eis, Eis, Eis.

Die Mäu-se trip-peln husch, husch, husch,
durch Blät-ter, Laub und Busch, Busch, Busch.

Und so geht's:

Immer zwei Kinder finden sich als Paar zusammen. Geklatscht wird so:

- 1-mal mit beiden Händen auf die Oberschenkel
- 1-mal in die Hände klatschen
- 1-mal beide Hände gegen die des Partners klatschen
- Wieder von vorn

Die letzten Reime jeder Zeile (tapp, tapp, tapp) klatschen die Kinder immer mit den Händen gegen die des Partners, ähnlich wie in dem bekannten Klatschreim „Bei Müllers hat's gebrannt, brannt, brannt".

Idee: Tina Scherer

Winter

Zum Raten und Reimen

Verse und Rätsel

Alter: ab 3 Jahren
Dauer: 10 Minuten

Sankt Nikolas – Spaßgedicht für den Nikolausabend

Sankt Nikolas, Sankt Nikolas, bring den kleinen Kindern was.
Lass die Großen laufen, die können sich was kaufen.

Kerzenlicht – ein Ritual mit Reimzeilen

Jede Kerze hat ein Leben,
so wie du und ich.
Wenn wir uns zusammentun,
erstrahlt ein helles Licht.

Vier Kinder stehen zusammen im Kreis, jedes mit einer Kerze in der Hand. Ein Kind nach dem anderen spricht reihum jeweils eine Zeile des Verses. Am Ende halten alle ihre Kerzen nach oben, sodass sie mittig zusammentreffen.

Weihnachtsrätsel – ein Rätselreim

Was ist das für ein Bäumchen, das jeder von uns kennt? An jedem seiner Zweige ein helles Kerzlein brennt.

(Weihnachtsbaum)

Idee: Annegret Frank

Emma und Jan im Schnee

Klanggeschichte

Alter: ab 4 Jahren
Dauer: 20 Minuten

Material

- verschiedene Instrumente (Glockenspiel, Klanghölzer, Rassel, Trommel, Xylofon, Triangel)

Es schneit.
Das Glockenspiel anschlagen.

Emma und Jan gucken aus dem Fenster. „Es schneit“, ruft Jan. „Lass uns rausgehen!“ Sie ziehen sich warm an und laufen hinaus.
Die Klanghölzer und die Rassel spielen.

„Wollen wir eine Schneeballschlacht machen?“, fragt Emma. „Au ja“, ruft Jan. Sie formen viele Schneebälle.
Auf der Trommel reiben.

Bald sind die Schneebälle fertig und fliegen lustig hin und her, bis die Kinder erschöpft sind.
Das Xylofon spielen.

Der Schnee fällt in immer dichteren Flocken vom Himmel.
Das Glockenspiel anschlagen.

Emma und Jan versuchen, den Schnee mit der Zunge aufzufangen.
Die Triangel anschlagen.

„Lass uns einen Schneemann bauen“, schlägt Emma vor. Die beiden Kinder rollen den Schnee zu dicken Kugeln.
Auf der Trommel reiben.

„Der Bauch ist fertig“, sagt Jan nach kurzer Zeit. „Der Kopf auch“, freut sich Emma. Sie setzen die Kugeln aufeinander.
Das Xylofon spielen.

„Mir wird kalt“, sagt Jan, „lass uns wieder reingehen.“ „Das ist eine gute Idee“, antwortet Emma. Lachend laufen beide ins Haus.
Die Klanghölzer und die Rassel spielen.

Idee: Kathrin Eimler

Das erste Abenteuer der kleinen Schneeflocke

Entspannungsgeschichte

Alter: ab 3 Jahren
Dauer: 20 Minuten

Material

- Turnmatten oder Decken
- Entspannungsmusik
- Klangschale

Es war einmal eine sehr neugierige und auch sehr ungeduldige kleine Schneeflocke. Immer wieder fragte sie Mama Schneeflocke, wann es endlich so weit wäre, dass sie auf die Erde reisen dürften. Sie wollte unbedingt auf der Nasenspitze eines Kindes landen.

Die Reise beginnt

Eines Tages war es endlich so weit. „Heute fliegen wir zusammen auf die Erde", sagte Mama Schneeflocke. „Juhu", freute sich die kleine Schneeflocke.

Sie durfte auch als Erste losfliegen und Mama Schneeflocke flog hinterher. „Das ist so toll!", jubelte die kleine Schneeflocke. Sie drehte sich und hüpfte übermütig in der Luft umher. Schon bald kam die Erde immer näher und nun mussten sie etwas langsamer fliegen. Sie sahen ein Kind, das erwartungsvoll zum Himmel blickte, weil es auf den ersten Schnee wartete.

Landung

Ganz vorsichtig versuchte die kleine Schneeflocke, auf der Nasenspitze des Kindes zu landen. Und es gelang ihr! Die kleine Schneeflocke war sehr glücklich. Mama Schneeflocke, die gerade dabei war, auf dem Arm des Kindes zu landen, war ganz besonders stolz auf ihren kleinen Schatz.

Idee: Michaela Lambrecht

Nun ist er da!

Gedicht

Alter: ab 3 Jahren
Dauer: 5 Minuten

Nun ist er da, der liebe Advent,
am Adventskranz die erste Kerze brennt.
Festlich schmücken wir das ganze Haus
und warten auf den Nikolaus.

Wir backen Kekse und singen Lieder,
wir zählen die Tage immer wieder.
Wir hören Geschichten und basteln Sterne,
auch auf den Weihnachtsmarkt gehen wir gerne.

Wir spielen Spiele und trinken Tee,
wir laufen Schlittschuh auf dem See.
Wir füttern auch die Vögelein,
denn die sollen sich mit uns freun.

So vergeht im Advent schnell die Zeit,
und irgendwann ist es dann auch so weit:
Der Weihnachtstag ist endlich da,
das ganze Haus duftet so wunderbar.

Der Weihnachtsbaum ist bunt geschmückt,
die Kerzen leuchten, unser Herz ist voll Glück.
Über ruhige Tage wollen wir uns jetzt freun,
wir haben nun Zeit, mit der Familie zu sein.

Idee: Kathrin Eimler

Glöckchen klingen

Klanggedicht

Alter: ab 3 Jahren
Dauer: 15 Minuten

Material
- Glöckchen
- Trommeln

Da steht doch jemand vor der Tür? Hört nur, Glöckchen klingen hier.
Die Glöckchen spielen.

Das wird bestimmt der Nikolaus sein, er will mit Sack und Pack herein.
Auf den Trommeln trommeln.

Schnell die Tür auf: Niemand da? Das ist ja mal sonderbar!
Stille, keiner spielt sein Instrument.

Ganz leise hörst du es, kann das sein? Die Glöckchen von Schlitten, klar und fein.
Die Glöckchen spielen.

Schnell wieder gucken: Niemand da? Das ist ja wieder sonderbar.
Stille.

Da poltert es doch im Kamin umher, lasst uns mal schauen, es rumst so sehr.
Auf den Trommeln trommeln.

Schnell die Tür auf: Niemand da? Das ist schon wieder sonderbar.
Stille.

Ja, so ist's mit dem Nikolaus, vielleicht kommt er ja doch noch in unser Haus …
Alle spielen gemeinsam laut und werden dann immer leiser,
bis schließlich alle Instrumente verklingen.

Idee: Tina Scherer

Niklaus, Niklaus

Lied

Alter: ab 3 Jahren
Dauer: 5 Minuten

Niklaus, Niklaus,
zieht durch den Wald.
Lasset uns singen, tanzen und springen,
Niklaus, Niklaus, kommt jetzt ganz bald.

Stampf, stampf, stampf, stampf,
wandert er zu.
Lasset uns singen, tanzen und springen,
Niklaus, Niklaus, kommt jetzt im Nu.

Poch, poch, poch, poch,
klopft's an der Tür.
Lasset uns singen, tanzen und springen,
Niklaus, Niklaus, Niklaus ist hier.

(Melodie: Kuckuck, kuckuck, ruft's aus dem Wald)

Idee: Tina Scherer

Auf dem Weihnachtsmarkt

Klanggeschichte

Alter: ab 3 Jahren
Dauer: 15 Minuten

Material

- Instrumente (etwa Rasseln, Holzblocktrommel, Glockenspiel, Xylofon, Triangel, Trommel)

Die Adventszeit ist gekommen. Lina und ihre Eltern gehen am späten Nachmittag in die Stadt und schlendern über den Weihnachtsmarkt.
Die Holzblocktrommel spielen.

Zuerst kommen sie an der lebenden Krippe vorbei. In einem Stall stehen zwei Schafe und ein Esel.
Das Glockenspiel anschlagen.

Lina streichelt ein Schaf. „Das fühlt sich gleichzeitig rau und weich an", staunt sie.
Über die Trommel streichen.

Sie gehen weiter. Mitten auf dem Marktplatz steht ein großer Weihnachtsbaum. Der ist bunt geschmückt und viele Lichter leuchten.
Das Xylofon spielen.

An den Weihnachtsbuden gibt es viele Dinge zu sehen. In einer wird Holzspielzeug verkauft.
Die Triangel anschlagen.

In einer anderen hängen Glaskugeln, die bunt bemalt sind. In den Kugeln brennen Teelichter.
Das Xylofon spielen.

Ein dritter Stand verkauft dicke Socken aus Schafwolle. „Die Socken wärmen deine Füße, so wie das Schaf durch seine eigene Wolle gewärmt wurde", erklärt der Papa.
Das Glockenspiel anschlagen.

„Mir ist kalt", sagt Mama. „Lasst uns einen Kakao trinken." Der Kakao wärmt alle drei.
Die Triangel anschlagen.

Es ist spät geworden. Die drei machen sich auf den Weg nach Hause. Lina kauft sich noch ein Puzzle mit einem Schaf darauf.
Das Glockenspiel anschlagen.

Als sie am Schaf vorbeikommen, streicheln alle drei es noch einmal.
Über die *Trommel streichen.*

Anschließend gehen sie fröhlich nach Hause.

Idee: Kathrin Eimler

Wer kommt zur Krippe?

Fingerspiel

Alter: ab 3 Jahren
Dauer: 5 Minuten

Fünf Schäfchen sehen einen schönen Stern,
Die fünf Finger einer Hand zeigen.

dort oben glänzt er so eisig und fern.
Mit der anderen Hand den Stern darstellen: Finger auf- und zuklappen, um das Sternenfunkeln nachzustellen.

Das erste sagt: „Wir folgen dem Stern!"
Den Daumen zeigen.

Das zweite sagt: „Au ja, sehr gern!"
Den Mittelfinger dazu hochhalten.

Das dritte und vierte folgen den beiden, über Felder und Wiesen und Weiden.
Den Mittel- und den Ringfinger dazu hochhalten.

Und das kleinste Schäfchen?
Den kleinen Finger hochhalten und damit wackeln.

Das sucht die andern schon überall, wartet längst an der Krippe im Stall.
Mit dem kleinen Finger wackeln.

Idee: Tina Scherer

Auf Herbergssuche

Klangtheater

Alter: ab 3 Jahren
Dauer: 10 Minuten

Material

- Verkleidung für Maria
- Verkleidung und 1 Wanderstock für Josef
- 1 großer Karton
- braune Tücher
- nach Wunsch: etwas Stroh
- 1 Puppe mit weißen Stoffwindeln
- 1 großer Stern (wenn möglich mit Beleuchtung)
- Klangstäbe
- 1 Handtrommel
- 1 kleine Glocke
- 1 Holzblocktrommel
- 1 Triangel
- 1 Glockenspiel

Maria und Josef gehen einen weiten, weiten Weg.

Zwei Kinder gehen mehrere Runden im Kreis. Dazu werden die Klangstäbe langsam geschlagen.

Sie müssen nach Bethlehem, wie der Kaiser es befohlen hat.

Mehrmals die Handtrommel anschlagen, Maria und Josef können stehen bleiben und „verschnaufen".

Maria ist schwanger.

Maria hält die Hände über den Bauch, die Glocke wird geläutet.

Maria und Josef finden nirgendwo einen Platz zum Schlafen.

Maria und Josef gehen wieder weiter, langsam wird die Holzblocktrommel angeschlagen.

Nur in einem Stall gibt es noch Platz.

Maria und Josef gehen in den Stall, die Klangstäbe werden anschlagen.

Dort bekommt Maria ihr Baby. Es heißt Jesus.

Maria nimmt die Puppe, die in weiße Stoffwindeln gewickelt ist, auf den Arm, die Triangel wird geläutet.

Der Weihnachtsstern leuchtet.
Ein Kind hält einen großen Stern in die Höhe; Triangel, Glocke und Glockenspiel werden gleichzeitig gespielt.

Alle Menschen freuen sich, dass Jesus geboren ist.
Alle Instrumente gleichzeitig spielen.

An diesem Tag feiern wir Weihnachten – auch hier. Ein schönes Weihnachtsfest, das wünsch ich dir!
Der Text wird von allen zusammen gemeinsam gesprochen.

Und so geht's:

Als Kulisse benötigen Sie ein Stückchen freie Bühne (oder einen freien Platz im Raum). Hier stellen Sie den großen Karton auf, den Sie mit braunen Tüchern umhüllen und vielleicht mit etwas Stroh schmücken. In diesem Stall, etwas versteckt, legen Sie die Puppe bereit. Nach Wunsch können Sie Ihr Bühnenbild noch weiter ausschmücken: Kakteen und Steine können beispielsweise die Wüste darstellen. Toll ist es, wenn Sie den Raum etwas verdunkeln können, sodass es Nacht ist und der Stern später umso heller leuchten kann.
Sie benötigen zwei Kinder für Josef und Maria und ein Kind, das den Stern hält, als Darsteller für dieses Stück. Kinder, die nicht gern auf einer Bühne/vor vielen Menschen auftreten möchten, übernehmen die Instrumente: Klangstäbe, Handtrommel, Holzblocktrommel, Triangel, Glocke und Glockenspiel.

Idee: Michaela Lambrecht

Wo ist das Christkind?

Aufpassspiel

Alter: ab 3 Jahren
Dauer: 10 Minuten

Material

- 1 weiße Feder
- 1 goldener Stern (etwa aus Kunststoff oder Pappe)
- 1 Augenbinde
- 1 Körbchen mit Weihnachtsplätzchen

Für dieses Spiel sitzen die Kinder im Kreis. Zeigen Sie ihnen die weiße Feder (eine Feder aus den Engelsflügeln des Christkindes) und den Stern (ein Stern, der gerade vom Himmel gefallen ist, als das Christkind ihn gestreift hat).

Ein Kind, der Christkindjäger, kommt in die Mitte und lässt sich kurz die Augen verbinden. In dieser Zeit geben Sie die Feder und den Stern in den Kreis – am besten zur Weitergabe in unterschiedliche Richtungen. Während die Kinder die beiden Gegenstände hinter dem Rücken herumreichen, darf der Christkindjäger die Augenbinde abnehmen. Er versucht durch genaues Beobachten herauszufinden, wo sich die Feder und der Stern gerade befinden und ruft: „Stopp!" Nun darf kein Gegenstand mehr weitergegeben werden. Der Christkindjäger zeigt auf die Kinder, die er vermutet.

Liegt er richtig, kommt das nächste Kind in die Kreismitte. Liegt er falsch, darf er noch einmal probieren, ob er in der nächsten Runde – und dann mit etwas Hilfe der Kinder – mehr Glück hat.

Als kleinen Trost, weil die Kinder nur die Feder und den Stern finden, hat das Christkind den Kindern ein Körbchen mit Keksen dagelassen, die die Kinder im Anschluss knabbern dürfen.

Idee: Tina Scherer

Der Winterbaum

Vorlesegeschichte

Alter: ab 4 Jahren
Dauer: 10 Minuten

„Kra, kra!“ Der Rabe krächzt laut. Er setzt sich auf einen dicken Ast vom Tannenbaum. „Kalt, kalt ist es!“ Seine Stimme kratzt.
Im Wind bewegen sich die Zweige des Tannenbaums hin und her.
„Willst du mich hinunterwerfen?“, kreischt der Rabe.
„Nein. Aber ich muss mich bewegen, wenn der Wind kommt. Sonst brechen meine Zweige ab.“
„Waaas?“ Der Rabe plärrt so laut, dass die Zweige des Tannenbaums zittern. „Wieso brechen deine Zweige ab?“

„Na, ich bin aus Holz. Im Winter werde ich starr, weil die Kälte mich umhüllt.“ Der Tannenbaum schüttelt sich ein klein wenig. Kleine Schneeflöckchen fallen zu Boden.
„Dann wirf ihn doch herunter, diesen kalten Schnee.“ Der Rabe flattert in die Luft. Mit seinen Flügeln versucht er, den Schnee von den Zweigen zu schlagen.
Doch der Tannenbaum weicht ihm aus.
„Hör auf. Ich mag den Schnee. Er deckt mich mit seiner glitzernden Decke zu.“
„Glitzerdecke!“, kreischt der Rabe. „Dass ich nicht lache!“ Er fliegt am Baum vorbei, hoch in die Luft und verschwindet hinter dicken Schneewolken.

„Danke.“ Die kleinen Schneeflöckchen flüstern wild durcheinander. Eines sagt: „Weißt du, lieber Tannenbaum, du bist der schönste Winterbaum! Auf deinen Nadeln bleiben wir hängen. Das ist so schön. Du fängst mit uns die Sonnenstrahlen ein. So glitzern wir wie Edelsteine.“

Der Tannenbaum schüttelt sich erneut ein wenig. Wie klitzekleine Sternchen schwirren die Schneeflöckchen durch die Luft und landen dann wieder auf den Zweigen des Tannenbaums.
„Danke, dass ihr mich so hübsch macht mit euren Glitzerflöckchen“, flüstert der Tannenbaum und freut sich, weil schon wieder neue Flöckchen vom Himmel heruntertanzen.

Idee: Marion Bischoff

Fünf Wichtel frieren

Fingerspiel

Alter: ab 3 Jahren
Dauer: 5 Minuten

Es war einmal ein kleiner Wicht,
der fror und zittert' fürchterlich.
Den Daumen hochhalten und damit wackeln.

Ein zweiter Wicht kam schnell dazu,
auch ihm war kalt, das gibt er zu.
Den Zeigefinger dazunehmen und mit beiden Fingern wackeln.

Ein dritter Wicht, der bibbert' sehr,
die Kälte mocht' auch er nicht mehr!
Den Mittelfinger dazunehmen und mit allen drei Fingern wackeln.

Ein vierter Wicht, ganz dicht,
ganz dicht,
drängt' sich an die andern Wicht.
Den Ringfinger dazunehmen, wackeln.

Da kommt der kleinste Wicht und lacht:
„Wärmen ist doch schnell gemacht!"
Den kleinen Finger dazunehmen, alle Finger wackeln.

Kuschelt und reibt euch aneinander,
im Wichteldurcheinander.
Die andere Hand dazunehmen, Hände reiben.

Gesagt, getan, die Kält' ist fort,
und warm wird es am Wichtelort.
In die Hände klatschen.

Idee: Tina Scherer

Denkt euch, ich habe den Weihnachtsmann gesehn!

Unsinngedicht

Alter: ab 3 Jahren
Dauer: 5 Minuten

Denkt euch, ich habe den Weihnachtsmann
gesehn.
Er saß in dem Schlitten, die Mütze voll Klee!

Er kam aus einem Sommerwald,
es lag kein Schnee, es war nicht kalt!

Ihm schwirrte 'ne Biene um die Nase
und aus seiner Mütze, da guckte ein Hase!

Er trug auch eine kurze Hose
und auf seinem T-Shirt, da blühte 'ne Rose!

Sandalen hatte er an seinem Fuß.
Er nickte mir zu, mit dem Kopf zum Gruß!

Seine Rentiere hatten ein weißes Fell
und sie waren kein bisschen schnell!

Sie schwitzten in dem warmen Wind
und flogen nur langsam von Kind zu Kind.

Sie haben auf den Häusern gesessen
und bestimmt die Kekse gefressen,

die dort lagen – für den Weihnachtsmann!
Du fragst, ob ich dir verraten kann,

ob sie auch Geschenke verteilt haben?
Nein, das kann ich dir nicht genau sagen.

Sie sind nämlich wieder zum Himmel geflogen!
Sag, ist dies alles wahr? Oder etwa gelogen?

Idee: Kathrin Eimler

Fünf kleine Weihnachtsmänner

Fingerspiel

Alter: ab 3 Jahren
Dauer: 5 Minuten

Fünf kleine Weihnachtsmänner gucken aus dem Haus. Sie sehen viele Flocken fallen und laufen schnell hinaus.
Fünf Finger einer Hand zeigen und damit wackeln, dann mit zwei Fingern in der Luft laufen.

Fünf kleine Weihnachtsmänner rollen Kugeln aus dem Schnee. Sie wollen einen Schneemann bauen, denn Schnee macht Spaß – juchhe!
Die Hände umeinanderrollen, dann die Fäuste aufeinandersetzen, zum Schluss jubeln.

Bald fängt der erste an zu weinen: „Mir ist kalt, ich geh jetzt rein!"
Den Daumen zeigen, sich die Arme reiben.

Der zweite sagt: „Ich bin ganz nass, ich habe hier jetzt keinen Spaß!"
Den Zeigefinger zeigen, Kopf schütteln.

Der dritte meint: „Der Schnee ist schwer, ich bin schlapp, ich kann nicht mehr!"
Den Mittelfinger zeigen, die Schultern hängen lassen, als wäre man ganz müde.

Der vierte ruft: „Ich war schon fleißig, jetzt ist mir der Wind zu eisig!"
Den Ringfinger zeigen, mit dem Kopf nicken.

Doch der fünfte, der kleine, hat nur gelacht und ganz leise bei sich gedacht: „Schneemann bauen schaff ich auch allein, dafür bin ich nicht zu klein!" Er hat die Kugeln aufeinandergestellt und freut sich über den schönsten Schneemann der Welt.
Den kleinen Finger zeigen, Fäuste aufeinandersetzen und zum Schluss jubeln und in die Hände klatschen.

Idee: Kathrin Eimler

Wer bist denn du?

Rätsel

Alter: ab 4 Jahren
Dauer: 5 Minuten

Ich trage ein glitzerndes Kleid.
Auf meinem Kopf sitzt eine Krone.
Mein Vater ist ein Königsmann auf
dem Schloss, in dem ich wohne.

(Prinzessin)

Mit meiner roten Nase und meinem großen
Mund bin ich gewiss kein Hase und auch
kein bunter Hund.

(Clown)

Ich wohne oft im tiefen Wald, im Winter wird es mir nicht kalt.
Denn ich kann zaubern und sprechen mit Elfen. Mein Zauberstab
zähmt sogar Wölfe.

(Fee)

Ich schleiche so leise wie Gras im Wind,
beweg mich bei Tag und bei Nacht
geschwind. Ich trage eine Maske und
einen Degen, komme aus Asien, bin kühn
und verwegen.

(Ninja)

Idee: Marion Bischoff

Die lustige Karnevalsfeier

Mitmachgedicht

Alter: ab 4 Jahren
Dauer: 5 Minuten

Die Kinder rufen laut „Hurra!",
der Karneval ist endlich (da).

Sie stürmen in die Kita rein,
verkleidet sind sie alle (fein).

Feen und Käfer fliegen herum,
eine Biene macht ganz laut (summ, summ).

Eine Meerjungfrau ist auch im Haus,
die Prinzessin sieht heut sehr gut (aus)!

Der Ritter hat daran gedacht
und sein Schwert auch mit(gebracht).

Feuerwehrmann und Polizist
sorgen dafür, dass Ruhe (ist).

Der Dino ist heut wirklich groß
und der Löwe brüllt (famos)!

Ein Clown macht wieder viele Witze
und der Froschkönig ist (spitze)!

Bei der großen Modenschau
schauen alle ganz (genau),
wer heut wie verkleidet ist.
Wird denn auch kein Kind ver(misst)?

Wer steckt denn in dem Kostüm?
Ist das unser Frido(lin)?

Nein, Fridolin, der ist es nicht!
Es ist Jan als kleiner (Wicht)!

Und so geht's:
Lesen Sie den Text langsam, laut und deutlich vor, sodass alle Kinder gut mithören können. Vor dem Wort in der Klammer stoppen Sie und lassen die Kinder den Reim finden. Als kleine Hilfestellung können Sie ihnen leise den Anfangsbuchstaben vorsagen.

Idee: Kathrin Eimler

Bonbonregen

Fingerspiel

Alter: ab 3 Jahren
Dauer: 5 Minuten

Fünf Kita-Kinder, die wollten sich verkleiden.
Zum Faschingsumzug wollten sie, das konnten sie gut leiden.
Mit allen fünf Fingern wackeln.

Prinzessin, Cowboy, Superheld,
auch Clown und Fee sehr gut gefällt.
Die Finger der einen Hand einzeln antippen.

Sie gingen los zum Straßenrand,
große Tüten in der Hand.
Mit den Fingern „laufen“, danach die Hand zu einer Kuhle formen.

Und von den bunten Faschingswägen,
prasselte ein Bonbonregen.
Mit zehn Fingern „Regen“ andeuten.

Die Kinder sammelten ihn ein,
und gingen danach fröhlich heim.
Mit beiden Händen „schöpfen“, danach mit den Fingern der einen Hand „laufen“.

Idee: Leah Schäfer

In dieser Reihe sind bereits erschienen:

Für die Kita

Bewegungsspiele
ISBN: 978-3-96046-083-1

Spiellieder & Klanggeschichten
ISBN: 978-3-96046-085-5

Fingerspiele
ISBN: 978-3-96046-114-2

Für die Krippe

Fingerspiele
ISBN: 978-3-96046-084-8

Streichelspiele & Massage-geschichten
ISBN: 978-3-96046-086-2

Mitmachgeschichten & Mitmachgedichte
ISBN: 978-3-96046-116-6